손오병서　孫吳兵書

金達鎭 全集 3

손오병서 孫吳兵書

문학동네

일러두기

1. 이 책은 김달진(金達鎭) 선생이 1958년 청우출판사(靑羽出版社)에서 간행한 국역(國譯) 『손오병서(孫吳兵書)』를 저본으로 하고, 이에 엮은이가 번역한 사마천(司馬遷)의 『사기열전(史記列傳)』 중 「손자・오기열전(孫子吳起列傳)」을 덧붙인 것이다.
2. 1부 『손자(孫子)』와 2부 『오자(吳子)』의 본문 내 보충 설명은 옮긴이의 주며, 그 외 각주는 옮긴이의 주에 엮은이가 삭제・보충한 것이다.
3. 표기는 옮긴이의 의도와 작품의 연구자료로서의 가치를 고려하여 그대로 살리는 것을 원칙으로 하였으나, 지나치게 구투(舊套)의 문장은 오늘의 감각에 맞게 일부 수정하였다.

남을 알고 나를 알면 백 번 싸워 위태하지 않고,
남을 모르고 나를 알면 한 번 이기고 한 번 패하며,
남도 모르고 나도 모르면 싸움마다 반드시 위태할 것이다.
— 손자

전쟁은 다른 수단으로써 하는 정치의 계속에 불과하다.
— 클라우제비츠

옮긴이의 말

　모두가 그저 싸움판입니다.
　나라와 나라가 싸우고, 민족과 민족이 싸우고, 인종과 인종이, 그리고 개인과 개인이 싸우고 있습니다.
　왜 모두들 싸우는 것입니까? 사람이 아수라(阿修羅)가 아닌 바에야 싸움을 즐겨 싸우는 것이 아닐 것입니다. 거기에는 반드시 그 이유와 목적이 있지 않겠습니까? 그러므로 『좌전(左傳)』에는 무(武)자를 분석하여 '창(戈)을 그치(止)게 함'을 뜻한다 하였고, 또 정(征)은 정(正), 벌(伐)은 벌(罰)을 뜻한다 하였습니다. 이는 곧 무(武)는 세상을 평화롭게 함이오, 정(征)은 비뚤어진 것을 바로잡음이오, 벌(伐)은 죄를 벌준다는 뜻일 것입니다. 난(亂)을 치(治)로써 침이오, 불의(不義)를 정의(正義)로써 침이오, 악(惡)을 신

(善)으로써 치는 것이 이 싸움의 본뜻이 아니면 안 될 것입니다. 그러므로 그 싸움은 반드시 이겨야 할 것이니, 정(正)과 선(善)은 반드시 이겨야 할 당위성(當爲性)을 가졌기 때문입니다. 이 당위성을 위하여 손자(孫子), 오자(吳子)는 자기의 체험을 통하여 그 방법을 자세히 설명해놓았으니, 이것이 이른바 손오(孫吳)의 병서(兵書)인 『손자(孫子)』『오자(吳子)』인 것입니다.

옛날 중국의 병서를 '무경칠서(武經七書)' 라 하여, 『손자』『오자』『울료자(蔚繚子)』『육도(六韜)』『삼략(三略)』『사마법(司馬法)』『이위공문대(李衛公問對)』가 송(宋)나라 때부터 중요시되어 왔습니다. 그 중에도 『손자』『오자』를 그의 대표라 하여, 세상에서는 보통 『손오병서(孫吳兵書)』라고 일컫습니다.

이 『손오병서』는 옛날부터 제왕(帝王)의 비본(秘本)이니, 장상(將相)의 비본이니, 또 모든 투사(鬪士)의 비본이니 하여, 병가(兵家)의 좌우서(座右書)로서 만고불역(萬古不易)의 명편(名篇)이라고 칭송되어온 것입니다. 그리하여 국가경륜(國家經綸)의 요지(要旨)와 전쟁승패(戰爭勝敗)의 비결(秘訣)과 인사성패(人事成敗)의 지침(指針)이 모두 이 책 가운데 있다고 합니다.

이렇듯 삼천 년의 생명을 가진 이 책이, 이 역자의 졸(拙)한 솜씨로 번역되었다는 것은 손자, 오자에 대하여 죄송스럽고 독자 여러분께 부끄러운 일입니다. 원래 이 번역에 있어서 그 완벽을 기(期)하려면 직역과 해설을 붙여야 할 것입니다. 그러나 이 책의 출판을 꾀하시는 청우출판사(靑羽出版社)의 말씀이 우리 민족으로서의 지상명령인 국토 통일이 초미(焦眉)의 급(急)을 요하는 이상, 이 책의 출판도 또한 시각을 다투는 일이라 하여 재촉이 못내 심하였습니다. 그의 애국애족(愛國愛族)의 열과 성을 기쁘게 생각하여 번역으로서의 체재(體裁)와 모습은 구태여 갖추려고 하지 않고, 우선 그 급(急)에 응(應)하여 부족하나마 이 모양으로 내어놓기로 하였습니다. 아니, 이 모양의 이 번역이 도리어 우리 백만 국군과 일반 사회인사에게 짧은 시간에 쉽게 알게 됨으로써 이 책이 가지고 있는 그 사명을 완수할 수 있을 것이라고 확신하는 바입니다.

더구나 전승(戰勝)에 있어서의 만고의 철칙(鐵則)은 남을 알고 나를 아는 데 있을 것입니다. 여기에 『손자』『오자』의 부족을 보충하기 위하여 서구(西歐)에서 쓰는, 서구의 손오(孫吳)라고 일컫는 클라우제비츠의 『전쟁론(戰爭論)』에서 현대의 새로운 전술전략을 뽑아서 부록으로 붙인 것은 이 책을 더 한층 값 있고 무겁게 한 것이라 확신하는 바입니다. 어찌 구태여 전장(戰場)에 다다른 장졸뿐이겠습니까? 각계 각층 여러분의 큰 교훈이 되리라 믿습니다.

단기 4291년(서기 1958년) 3월
김달진(金達鎭) 씀

차 례

옮긴이의 말 ············ 7

제1부 손자(孫子)

『손자(孫子)』에 대하여 ············ 15
1. 계편(計篇) ············ 17
2. 작전편(作戰篇) ············ 23
3. 모공편(謀攻篇) ············ 29
4. 형편(形篇) ············ 35
5. 세편(勢篇) ············ 40
6. 허실편(虛實篇) ············ 46
7. 군쟁편(軍爭篇) ············ 53
8. 구변편(九變篇) ············ 60
9. 행군편(行軍篇) ············ 65
10. 지형편(地形篇) ············ 72
11. 구지편(九地篇) ············ 79
12. 화공편(火攻篇) ············ 91
13. 용간편(用間篇) ············ 96

제 2 부 오자(吳子)

『오자(吳子)』에 대하여 105
첫머리 107
1. 도국(圖國) 112
2. 요적(料敵) 123
3. 치병(治兵) 134
4. 논장(論將) 144
5. 응변(應變) 153
6. 여사(勵士) 165

제 3 부 손자·오기열전(孫子吳起列傳)

손자·오기열전(孫子吳起列傳) 173

제 4 부 클라우제비츠의 『전쟁론(戰爭論)』

클라우제비츠에 대하여 187
제1편 전쟁의 본질 189
제2편 전략론(戰略論) 197
제3편 전투 209

엮은이의 말 221

제1부

 손자(孫子)

『손자(孫子)』[1]에 대하여

　이 『손자(孫子)』는 손무(孫武)의 설(說)이다. 손무는 원래 제(齊)나라 사람으로, 오왕(吳王) 합려(闔閭)를 섬기어 큰 공을 이루었다 한다. 그러므로 이 『손자』는 하나의 탁상공론이 아니요, 자기가 몸소 체험한 실천가의 설이기 때문에 더욱 가치가 있다고 하겠

---

　1) 손자(孫子 : B.C. 6~5세기) : 고대 병법가. 춘추시대 오(吳)나라의 장군 손무(孫武)를 일컫는다. 일설에는 손무의 후손으로 전국시대 제(齊)나라 사람인 손빈(孫月賓)에 대한 경칭으로 알려져 있다. 『사기(史記)』에 따르면 오나라 왕 합려(闔閭)를 섬겼으며 서쪽으로는 초(楚)나라를 격파하고 북쪽으로는 제나라와 진(晋)나라를 위협한 장군이다. '적과 나를 알면 백 번 싸워도 위태롭지 않다(知彼知己 百戰不殆)'는 것으로 요약할 수 있는 그의 병

다.

　때는 지금으로부터 2천4백여 년 전 곧 주(周)의 말이요, 전국시대(戰國時代)의 초이다. 그때의 오(吳)는 양자강(揚子江) 남방의 미개국이라고 불렸지마는, 여러 나라들이 모두 오를 두려워하고 꺼리게 된 것은 오로지 이 손무의 힘이라고 전해지고 있다.

　이 『손자』 13편은 다만 병법만의 이론이 아니요, 어디까지나 인정(人情)의 속의 속까지 깊이 파고들어가 사람을 움직이고 세상을 제어해나가는 길을 설파(說破)하였기 때문에 칠서(七書)의 대표가 된 것이다. 그러므로 이것은 다만 싸움마당에 다다른 사람뿐이 아니라, 모든 방면의 사람도 이 『손자』로 말미암아 그 얻는 바가 크다 할 것이다.

법은 강약(强弱), 허실(虛實), 공수(攻守), 진퇴(進退)의 형세를 잘 파악하는 것을 승리의 관건으로 보고 전략전술의 유연한 운용을 강조하였다.
　『한서(漢書)』「예문지(藝文志)」에는 『오손자병법(吳孫子兵法)』 82편은 손무의 저작으로, 『제손자(齊孫子)』 89편은 손빈의 저작이라고 기록되어 있다. 현재 남아 있는 『손자』 13편이 『오손자』인지 『제손자』인지는 예로부터 논란이 있어왔으나 1972년 산동성(山東省) 임기현(臨沂縣) 은작산(銀雀山)의 한 한묘(漢墓, B.C. 2세기 초의 것으로 추정)에서 『손자』의 죽간 305매(2,300여 자), 『손빈병법』의 죽간 440매(11,000여 자)가 발굴·해독되어 『사기』와 『한서』 기록의 정확성을 입증하였고 『손자』의 저자 입증 논쟁에 종지부를 찍었다.

1. 계편(計篇)[1]

이 편은 전쟁의 계획에 대한 설명으로서 『손자』 13편의 총론이라 할 수 있다. 먼저 전쟁의 이유를 밝히고, 다음에 장졸(將卒)을 뽑는 법의 중요성을 논하고 있다.

 손자(孫子) 이르기를, 전쟁이라는 것은 나라의 큰일이라, 생사(生死)의 마당이요, 존망(存亡)의 길이므로 깊이 생각하지 않으면 안 될 것이다. 전쟁에 있어서는 먼저 적국과 다섯 가지의 비교하는 계획을 세워, 그 정세를 살펴보아야 할 것이니, 첫째는 도(道)요, 둘째는 천(天)이요, 셋째는 지(地)요, 넷째는 장(將)이요, 다섯째는 법(法)이다.
 도(道)[2]라는 것은 백성으로 하여금 임금과 그 뜻을 같게 하는 것

---

1) 손자는 이 편에서 사전에 대비해야 할 기본 요건을 제시하여 안전한 기획을 도모할 것을 강조하고 있다. 본편은 「계편(計篇)」 또는 「시계편(始計篇)」으로 불리는데 최초의 계책, 근본적인 계책을 의미한다.

이니, 그럼으로써 생사(生死)를 함께 하여, 백성이 두려워하거나 위태롭게 생각하지 않게 함이요, 천(天)[3]이라는 것은 음양(陰陽)과 추위와 더위의 시절의 변화를 이름이요, 지(地)[4]라는 것은 멀고 가까움과 험하고 평탄함과 넓고 좁음과 죽을 땅과 살 땅을 이름이요, 장(將)[5]이란 지(智)와 신(信)과 인(仁)과 용(勇)과 엄(嚴)을 이름이요, 법(法)[6]이라는 것은 군대를 만드는 법과 군의 규율과 각자의 맡은 직분과 행군이나 진 치는 법과 군량 병기들을 맡은 사람과 군량 병기들의 물품을 이름이다. 무릇 이 다섯 가지(道・天・地・將・法)는 장(將)으로서 몰라서는 안 될 것이니, 이것을 잘 알면 이길

---

2) 도(道) : 여기에서 도(道)란 군왕이 명령을 내리고 백성이 그 명령에 순종하는 것을 말한다. 이는 군왕이 평소에 백성들로부터 믿음과 존경을 얻고 있을 때 가능하다. 다시 말해 손자는 군왕이 바르고 정당한 원칙에 입각해 통치하는 것이 승전을 위한 첫번째 요건임을 주장한 것이다.

3) 천(天) : 천(天)은 계절이나 일기 등의 기상 환경뿐만 아니라 사태의 발생이나 변화 과정을 포함하는 개념으로 자연 현상과 천하의 정세를 일컫는다.

4) 지(地) : 땅의 형태는 병진(兵陣)을 가설하고 공격・방어의 방법을 확정하는 요건으로 입지 조건, 자기의 위치, 환경 등으로 이해할 수 있다.

5) 장(將) : 여기에서 장(將)은 장수를 가리키는 것으로, 손자는 장수의 이상적인 조건으로 지혜・믿음・어짐・용맹・위엄 등 다섯 가지 덕목을 제시하고 있다. 지혜와 용맹은 적에 대처하기 위해서, 믿음과 어짐 그리고 위엄은 부하 군사를 통솔하기 위해 필요한 덕목이다.

이에 반해 오자는 「논장편(論將篇)」에서 장수의 자질로, 이(理 : 조직관리능력)・비(備 : 준비)・과(果 : 과단성)・계(戒 : 조심함)・약(約 : 법령의 간소화) 등 다섯 가지 덕목을 들고 있다.

6) 법(法) : 법(法)은 제도를 뜻한다. 손자는 법을 곡제(曲制), 관도(官道), 주용(主用)으로 구분하였는데, 곡제는 군대의 지휘・통솔・편성권을, 관도는 의무와 권한 등의 규율을, 주용은 재정과 보급 제도를 말한다.

것이요, 이것을 모르면 질 것이다.[7] 그러므로 이것을 비교함에 계획을 세워, 그 정세를 살펴야 할 것이니, 곧 임금은 어느 편이 도(道)가 있고, 장수는 어느 편이 능력이 있으며, 천(天)과 지(地)는 어느 편이 유리하고, 법령은 어느 편이 잘 행해지고, 군대는 어느 편이 강하고 군사는 어느 편이 잘 훈련되었으며, 상과 벌은 어느 편이 밝은가를 비교할 것이다.[8] 내 이것으로써 승부를 알 수 있는 것이다.

내 꾀를 들어 군사를 쓰면 반드시 이길 것이니, 내 여기 머물러 있어 임금을 도울 것이요, 내 꾀를 듣지 않고 군사를 쓰면 반드시 패할 것이니, 내 곧 이곳을 떠날 것이다. 내 계획이 이미 쓰이면 곧 책임지고 실전(實戰)에 나아갈 것이니, 실전에 나아가서는 그 형세를 따라 자유자재로 변화할 것이다.[9]

군사를 쓴다는 것은 하나의 궤도(詭道[10] : 꾀를 부려 적을 부수는 법)라, 그러므로 능하면서 능하지 않은 척 보이고, 익으면서 서투른 척 보이며, 가까우면서 먼 척 보이고, 멀면서 가까운 척 보이며, 이로움을 보여 적을 꾀어오고, 어지럽게 하여 적을 쳐부수며, 적이

---

7) 다섯 가지의 요건을 잘 아는 자는 이기고 알지 못하는 자는 패한다. 즉 이 다섯 가지가 우세하면 이기는 것이고 열세하면 진다는 것이다.

8) 여기에서 말한 일곱 가지 항목(七計)은 앞에서 제시한 다섯 가지 기본요건(五事)과 근본적으로 같은 맥락이라고 할 수 있다. 오사(五事)를 기준으로 한 것이 칠계(七計)이다.

9) 군사에 대한 계획이 그 형세를 따라 변화할 것이라는 것은 전략과 용병술이 고정된 것이 아님을 뜻한다. 즉 상황과 정세에 맞는 전술의 유연성이 필요하다는 것이다.

10) 손자는 첫머리에서 전쟁을 함부로 하지 말라고 경고했지만 실전에 들어갔을 때는 반드시 이겨야 함을 강조했다. 승리만이 목적인 전쟁터에서 정도(正道)를 강조하는 것은 옳지 않다는 것이다. 속인다는 것(詭道)은 이쪽의 전략을 알지 못하게 하는 것이며 착각하게 한다는 것이다.

실하면 막기를 준비하고 적이 강하면 이것을 피하며, 적이 성내면 그 기운을 꺾고, 나를 낮추어 그를 교만하게 하며, 적이 편하면 괴롭게 하고, 적끼리 친하면 이간을 붙이며, 그의 빈 곳을 치고 불시(不時)에 나아갈 것이니, 이것이 병가(兵家)의 승리의 길이다. 그러나 이것을 미리 남에게 낱낱이 말할 수는 없는 것이다.[11]

대체로 싸우기 전에 묘산(廟算)하여 이길 셈이 있으면 얻는 것이 많을 것이요, 아직 싸우기 전에 이기지 못할 셈이 있으면 얻는 것이 적을 것이다.[12] 셈이 많으면 이기고 셈이 적으면 이기지 못한다. 하물며 셈이 없는 데서랴. 그러므로 나는 묘산을 보고 승부를 볼 수 있다.

---

11) 장수가 전쟁에 승리하는 것은 대비하지 못한 곳을 불시에 공격할 때 가능한 것으로 이는 오직 장수만이 아는 것이다. 손자는 장수의 계략은 오직 자신이 혼자 알고 그 비밀을 누구에게도 누설해서는 안 된다는 것을 강조하고 있다. 손자가 이렇게 장수와 장수의 지략을 중시한 데 반해 오자는 승전의 원동력을 국민들의 자발적·능동적 참여의지에 두고 있어, 두 병법의 기초가 다름을 시사해준다.

12) 묘산이란 사전에 철저한 준비를 하고 출정할 장수들이 회의를 통해 이를 치밀하게 점검하고 계획하는 것을 말한다. 따라서 묘산이 많으면 이긴다는 것은 철저한 사전 준비와 계획을 강조한 것으로, 전쟁을 준비나 계략 없이 도박처럼 생각해서는 절대로 승리할 수 없음을 역설한 것이다.

第一　計篇

　孫子曰　兵[1]者國之大事　死生之地[2]　存亡之道　不可不察也　故經[3]之以五校[4]之計　而索其情　一曰道　二曰天　三曰地　四曰將　五曰法　道者令民與上[5]同意也　故可與之死　可與之生　而民不畏危　天者陰陽寒署時制也　地者遠近險易廣狹死生也　將者智信仁勇嚴也　法者曲制[6]　官道[7]主用[8]也
　凡此五者[9]　將莫不聞　知之者勝　不知者不勝　故校之以計　而索其情曰主孰有道　將孰有能　天地孰得　法令孰行　兵衆孰强　士卒孰練　賞罰孰明　吾以此知勝負矣　將聽吾計　用之必勝　留之　將不聽吾計　用之必敗　去之　計利以聽　乃爲之勢　以佐其外　勢者因利而制權也
　兵者詭道[10]也　故能而示之不能　用而示之不用　近而示之遠　遠而示之近　利而誘之　亂而取之　實而備之　强而避之　怒而撓之　卑而驕之　佚而勞之　親而離之　攻其無備　出其不意　此兵家之勝　不可先傳也　夫未戰而廟算[11]勝者　得算多也　未戰而廟算不勝者　得算少也　多算勝　少算不勝　而況於無算乎　吾以此觀之　勝負見矣

1) 병(兵) : 병기, 무기, 군인, 군대, 전쟁 등 여러 가지 뜻으로 쓰이는데 여기에서는 전쟁의 의미로 사용됨.
2) 지(地) : 마당, 처지, 판국.
3) 경(經) : 기준이나 법도, 여기에서는 '기준 삼다'는 의미로 쓰임.
4) 교(校) : 교(較)와 동일한 의미로 '비교하다'.
5) 상(上) : 상층계급으로 임금 등의 통치자를 말함.
6) 곡제(曲制) : 군의 편제.
7) 관도(官道) : 복무 규정.

8) 주용(主用) : 군비와 보급.

9) 오자(五者) : 오사(五事 : 道·天·地·將·法)

10) 궤도(詭道) : 속임수. 적을 착각하게 하여 낭패하게 하는 온갖 수단.

11) 묘산(廟算) : 중신(重臣)들이 군왕을 모시고 종묘에서 결정한 계획. 셈(算)이란 산가지로 헤아려서 미래를 점치는 것에서 유래.

2. 작전편(作戰篇)[1]

이 편은 전쟁을 시작하는 계획으로서, 주로 재정(財政)과 보급 문제를 논한 것이다.

 손자(孫子) 이르기를, 무릇 군사를 쓰는 법에 치차(馳車: 군사를 싣고 다니는 차) 천 대와 혁차(革車: 군사의 양식 같은 것을 운반하는 차) 천 대에 무장한 군사 십만으로 천리에 양식을 실어 보낸다고 하자. 그러면 그 안팎의 비용과 손님의 쓰임새며, 차에 쓰이는 재료와 갑옷과 투구를 공급하는 비용이 하루에 천금(千金)이 들 것이니, 이만한 재정으로서야 비로소 십만의 군사를 낼 수 있는

---

1) 「작전편」은 주로 전쟁 비용에 관한 것으로 병사(兵事)와 경제의 문제를 다루고 있다. 손자는 제1편인 「계편」에서 전쟁을 승리로 이끌기 위한 정치적 요건들을 제시하고 이 편에서는 물자 운용을 논함으로써, 전쟁 수행에 필요한 정치적 · 물적 기반을 고찰하고 있다.

것이다. 전쟁이 시작되어 이기기에 날이 오래면, 군사의 날카로운 기운이 꺾이어 풀이 죽을 것이요, 또 성(城)을 치기에 날이 오래면 군사의 힘이 빠질 것이요, 그리하여 군사를 오랫동안 전장(戰場)에 두면 곧 나라의 재정이 모자랄 것이다.

대개 군사가 둔하게 되고 날카로운 기운이 꺾이며 힘이 빠지고 재정이 모자라면, 곧 여러 제후(諸侯)가 그 폐를 틈타서 일어날 것이니, 그때는 비록 지혜 있는 사람이 있어도 그 뒤를 감당할 수 없을 것이다. 그러므로 전쟁은 서툴더라도 빠른 것을 귀하다 하고, 공교하더라도 오래됨을 꺼리는 것이다. 대개 전쟁을 오래 끌면 나라의 이익됨이 있을 수 없는 것이니, 그러므로 전쟁의 해됨을 자세히 모르는 사람은 곧 전쟁의 이익도 자세히 알지 못하는 것이다.[2]

군사를 잘 쓰는 사람은 백성을 두 번이나 계속하여 군대로 뽑지 않고, 양식을 세 번이나 실어 보내지 않으며, 병기는 내 나라에서 장만하고, 양식은 적에게서 앗아오는 것이니, 그러므로 군사의 양식이 스스로 넉넉하게 되는 것이다.

나라가 전쟁으로 가난하게 되는 것은 군사나 군량을 멀리 실어 보내기 때문이다. 멀리 실어 보내면 곧 백성이 가난해지고, 전쟁이 있으면 물가(物價)가 비싸지고, 물가가 비싸지면 곧 백성의 재물이 다하고, 백성의 재물이 다하면 곧 그 부담에 허덕이게 되는 것이다.[3] 힘이 쇠하고 재물이 다되어 온 나라 안의 백성들의 저축이 없

---

2) 전 편에서 신중하고 치밀한 정세 분석과 계획 수립을 역설했던 손자는 실제 전쟁이 발발했을 때의 전략을 이 편에서 기술하고 있다. 손자가 여기에서 강조한 병법의 대원칙은 단기속전(短期速戰)으로, 전쟁 전에는 치밀한 사전 준비를 하되 전쟁 발발시 빠른 집중 공격으로 전쟁을 속히 끝낼 것을 강조하고 있다. 따라서 본문에서 제시한 졸속전(拙速戰)은 적의 허점을 번갯불같이 집중 공격하고 빠지는 계략을 말하는 것이다.

고, 백성이 낸 비용의 10분의 7은 길에서 허비되며, 나라의 비용은 부서진 수레와 시달린 말과 갑옷과 투구와 화살과 쇠뇌와 창과 방패와 수레덮개와 큰 수레들— 이러한 것들의 비용에 그 10분의 6이 허비되는 것이다.

그러므로 지혜 있는 장수는 힘써 적에게서 양식을 앗아오나니, 적의 양식 열 섬을 먹으면 내 양식 2백 섬과 맞먹고, 적의 말먹이 한 섬은 내 말먹이 스무 섬과 맞먹는 것이다. 그러므로 적을 죽이는 것은 우리 군사의 분발이 되고, 적의 이익을 앗아오는 것은 우리 군사의 재물이 되는 것이다. 적의 수레 열 대 이상을 앗아오는 군사가 있으면 먼저 그를 상주고, 그리하여 그 수레에 꽂힌 적의 기를 우리 기와 바꾸어 꽂아 우리 수레와 섞어서 쓸 것이요, 또 항복해오는 적의 군사는 잘 받아 거두어, 우리 편을 만들어야 할 것이니, 이것을 일러 '적을 이겨 더욱 굳셈'이라 하는 것이다. 그러므

---

3) 전쟁에서 원거리 수송 보급 문제는 자국 경제에 막대한 영향을 미친다. 보급품을 멀리 수송하기 위해서는 인력과 축력, 그리고 막대한 재정이 소요된다. 생업에 종사해야 할 노동력이 징용됨으로써 백성들의 생활은 빈궁하게 되고 전쟁물자 수급에 따른 물가등귀 현상으로 국민경제는 위태로운 상태에 처하게 된다.

따라서 보급을 적지에서 해결하는 일은 전쟁 부담을 크게 줄일 뿐만 아니라 역으로 적에게 막대한 부담을 안겨주는 요인이 된다. 수나라가 살수에서 을지문덕에게 패한 일이나 나폴레옹이 러시아 침공에 실패했던 이유도 이러한 원거리 보급 문제에서 비롯된 것이다.

원거리 수송 보급 문제에 대한 손자의 견해는 단기속전의 원칙에 호응하는 것으로, 전쟁을 수행할 때 시간과 거리의 요소가 승패의 요인에 지대한 영향을 준다는 것을 강조한 것이다.

이는 전쟁 상대국의 물자를 자국 보급품의 20배로 계산하고 있는 다음 단락에서 더욱 구체적으로 드러난다.

로 싸움은 이김을 귀하다 하고 오램을 귀히 하지 않는 것이다. 군사를 잘 쓰는 장수는 백성의 목숨을 맡은 사람이요, 국가의 안위(安危)의 주인이 되는 것이다.

第二　作戰篇

　孫子曰　凡用兵之法　馳車[1]千駟[2]　革車[3]千乘　帶甲十萬　千里饋糧　則內外之費　賓客之用　膠漆之材　車甲之奉　日費千金　然後十萬之師擧矣　其用戰也　勝久則鈍兵挫銳　攻城則力屈　久暴師[4]　則國用不足　夫鈍兵挫銳　屈力殫貨　則諸候乘其弊而起　雖有智者　不能善其後矣　故兵聞拙速[5]　未睹巧之久也　夫兵久而國利者　未之有也　故不盡知用兵之害者　則不能盡知用兵之利也　善用兵者　役不再籍　糧不三載　取用於國　因糧於敵　故軍食可足也

　國之貧於師者遠輸　遠輸則百姓貧　近於師者貴賣　貴賣則百姓財渴　財渴則急於丘役[6]　力屈財殫　中原內虛於家　百姓之費　十去其七　公家[7]之費　破車罷馬　甲冑矢弩　戟楯蔽櫓　丘牛大車　十去其六　故智將務食於敵　食敵一鍾[8]　當吾二十鍾　萁秆[9]一石　當吾二十石　故殺敵者怒也　取敵之利者貨也　故車戰得車十乘已上　賞其先得者　而更其旌旗　車雜而乘之　卒善而養之　是謂勝敵而益强　故兵貴勝　不貴久　故知兵之將　民之司命　國家安危之主也

1) 치차(馳車) : 경장비를 갖춘 전차로 속력이 빨라 적을 공격하거나 추격할 때 사용.

2) 사(駟) : 네 필의 말이 끄는 전차.

3) 혁차(革車) : 병기, 탄약, 양식 등을 운반하는 수송용 차.

4) 폭사(暴師) : 사(師)는 군의 편제로 사단(師)을 뜻하므로 폭사는 병사를 마구 부려 고생시키는 것을 뜻함.

5) 졸속(拙速) : 손쉽고 서투르며 재빠른 것.

6) 구역(丘役) : 정전법(井田法)에 의해 세(稅)를 대신한 노동력. 노역.

7) 공가(公家) : 당시의 고위계급을 뜻하는 말. 전쟁 발발시 이들이 갖고 있는 전차와 병력을 동원함.
8) 종(鍾) : 도량형의 기준이 되는 단위. 1종은 6석 4두.
9) 기간(萁秆) : 우마(牛馬)의 사료.

3. 모공편(謀攻篇)[1]

이 편 역시 싸움에 있어서 미리 계획을 세우는 것의 중요성을 논한 것으로서, 유명한 '남을 알고 나를 안다'는 구절이 내용의 중심을 이루고 있다.

손자(孫子) 이르기를, 무릇 군사를 쓰는 법에 있어서 나라를 온전하게 하는 것을 제일로 하고, 나라를 부수는 것을 그 다음으로 하며, 군사를 온전하게 하는 것을 제일로 하고 군사를 부수는 것을 그 다음으로 하며, 여(旅)를 온전하게 하는 것을 제일로 하고 여(旅)를 부수는 것을 그 다음으로 하며, 졸(卒)을 온전하게 하는 것을 제일로 하고 졸(卒)을 부수는 것을 그 다음으로 하며, 오(伍)[2]

---

1) 모공(謀攻)이란 모계(謀計)로 적을 굴복시킨다는 뜻이다. 이 편에서 손자는 싸우지 않고 목적을 달성하는 것을 최상이라 주장하고, 가능하면 평화공세(平和攻勢)의 모략을 사용할 것을 강조하고 있다.
2) 군·여·졸·오(軍·旅·卒·伍)는 군대의 편제 단위. 군(軍)은 1만

를 온전하게 하는 것을 제일로 하고, 오(伍)를 부수는 것을 그 다음으로 하는 것이다. 그러므로 백 번 싸워 백 번 이기는 것은 최선이 아니요, 싸우지 않고 적을 굽히는 것이 선의 선인 것이다.

그러므로 최상의 전쟁은 '적의 꾀를 치는 것'이니 그 꾀를 쓰지 못하도록 하는 것이요, 그 다음은 '적의 외교를 치는 것'이니 적을 외롭게 만드는 것이요,[3] 또 그 다음은 '적의 군사를 치는 것'이니 곧 서로 승부를 겨루는 것이요, 최하는 적의 성(城)을 치는 것이니, 적의 성을 치는 법은 할 수 없이 하는 것이기 때문이다. 큰 방패와 분온(轒轀 : 성을 치기 위하여 특별히 만든 차)과 여러 가지 기계와 연장을 갖추는 것이 석 달 뒤에야 이루어지고, 거인(距闉 : 적을 바라보기 위하여 만든 대)도 또한 만들기에 석 달이 걸리는 것이다. 장수가 그 분을 이기지 못하여 사졸(士卒)로 하여금 개미떼처럼 그 성에 붙게 하면, 우리 사졸의 3분의 1을 죽이는 것이며, 그래도 오히려 성을 빼앗지 못할 것이니, 이것이 성을 치는 해인 것이다.

그러므로 군사를 잘 쓰는 사람은 적의 군사를 굽히되 싸우지 않고, 적의 성을 빼앗되 치지 않으며, 적의 나라를 부수되 오래 끌지 않고, 반드시 온전함으로써 천하를 다루는 것이다. 그러므로 군사

2천 5백 명, 여(旅)는 5백 명, 졸(卒)은 1백 명, 오(伍)는 5명 내지 10명을 말한다.

여기에서 군·여·졸·오를 아군과 적군으로 보는 두 가지 해석이 있는데 본편의 상황이 적을 공격하는 것으로 설정되어 있다는 점에서 적군의 편제로 보는 것이 더 타당할 듯하다.

3) 손자는 두뇌전·정보전·외교전을 모공(謀攻)의 상책(上策)으로 꼽고, 온전한 채로 적을 굴복시킬 계략을 도모하라고 주장한 다음 무력전의 위해를 서술하고 있다. 이는 손자가 「계편」에서 이상적인 장수가 갖추어야 할 다섯 가지 덕목(智·信·仁·勇·嚴) 중 지혜를 첫째 덕목으로 제시한 이유이기도 하다.

가 상하지 않고 그 이익이 완전할 것이니, 이것이 곧 모공(謀攻)의 법인 것이다.

군사를 쓰는 법은 우리 군사가 적군의 10배면 적의 성을 에워쌀 것이요, 5배면 적의 성을 칠 것이요, 2배면 갈라서 칠 것이요,[4] 적수면 힘써 싸울 것이요, 적으면 물러날 것이요, 당적할 수 없으면 곧 피해야 할 것이다. 그러므로 병력이 모자라면서 버티는 것은, 곧 병력이 많은 적에게 사로잡힘이 될 것이다.

무릇 장수는 나라의 힘[5]이라. 그 힘이 견고하면 그 나라는 반드시 강하고, 그 힘에 틈이 있으면 그 나라는 곧 약해지는 것이다. 그러므로 임금으로서 군(軍)에 화 되는 바 세 가지가 있으니, 군사가 나아가서는 안 될 줄을 모르고 나아가라 이르며, 군사가 물러나서는 안 될 줄을 모르고 물러나라 이르면, 이것을 구속받는 군사라

---

4) 2배면 갈라서 친다는 말은 두 가지로 해석할 수 있다.
아군의 병력을 둘로 나누어서 상대를 공격하라는 것으로 볼 수도 있고, 적군을 둘로 분산하여 세력을 약화시킨 후 공격하라는 뜻으로 해석할 수도 있다. 원문의 문장구조나 글의 흐름으로 보아 후자의 해석이 더 타당한 것으로 판단된다.

5) '힘'이 원문에는 '보(輔)'로 되어 있다. 보(輔)란 수레의 양쪽 차축을 버티는 덧방나무로서 수레(군대 혹은 나라)가 안전하기 위해서는 바퀴가 빠져나가지 못하게 버티어주는 덧방나무가 튼튼하고 차축(군주)에 적합하게 끼워져 있어야 한다.
보(장수)와 차축(군주) 사이가 긴밀하지 못하면 수레의 차륜(군대)은 원활하게 회전할 수 없기 때문에 그 나라는 반드시 위태롭게 될 것이다. 장수의 비중은 이렇게 막중한 것으로 장수가 무능할 경우 병법에 무지한 임금이 군 지휘에 간섭하게 되어 군사를 어지럽힘으로써 승리를 빼앗기게 되는 원인이 되는 것이다. 이러한 까닭에 손자는 승리를 위한 다섯 가지 길 중 하나로 '장수가 능력이 있어 임금이 간섭하지 못할 때'를 들고 있는 것이다.

하는 것이다. 또 삼군(三軍)의 일을 모르면서 삼군의 정사에 참여하면 군사들이 곧 의혹되고, 삼군의 권위(權威)를 모르면서 삼군의 책임에 참여하면 군사들이 곧 의심할 것이니, 삼군이 이미 의혹되고 의심하면, 곧 제후(諸侯)의 난리가 일어날 것이니, 이것을 일러 '군사를 어지럽혀 승리를 빼앗기는 것'이라 하는 것이다.

그러므로 승리를 아는 길에 다섯 가지가 있으니, 싸워야 할 것과 싸워서 안 될 것을 알면 이길 것이요, 많고 적은 군사의 수를 알맞게 쓸 줄 알면 이길 것이요, 위아래 사람의 생각이 일치하면 이길 것이요, 튼튼한 준비로써 준비 없는 적이 오는 것을 기다리면 이길 것이요, 장수가 능력이 있어 임금이 간섭하지 못할 때는 이길 것이니, 이 다섯 가지가 곧 승리를 아는 길인 것이다. 그러므로 내 이르노니, '남을 알고 나를 알면[6] 백 번 싸워 위태하지 않을 것이요, 남을 모르고 나를 알면, 한 번 이기고 한 번 질 것이며, 남도 모르고 나도 모르면 싸움마다 반드시 위태하다' 하는 것이다.

---

6) 남을 알고 나를 안다는 것은 오사(五事 : 道·天·地·將·法)를 포함하여 현실 정세에 대한 문제까지 안다는 것을 의미한다.

第三 謀攻篇

　　孫子曰　凡用兵之法　全國爲上[1]　破國次之　全軍爲上　破軍次之　全旅爲上　破旅次之　全卒爲上　破卒次之　全伍爲上　破伍次之　是故百戰百勝　非善之善者也　不戰而屈人之兵　善之善者也　故上兵伐謀　其次伐交　其次伐兵　下政攻城　攻城之法　爲不得已　修櫓[2]轒轀[3]　具器械三月而後成距闉[4]　又三月而後已　將不勝其忿　而蟻附之　殺士三分之一　而城不拔者　此攻之災也

　　故善用兵者　屈人之兵　而非戰也　拔人之城　而非攻也　毁人之國　而非久也　必以全爭於天下　故兵不頓　而利可全　此謀攻之法　故用兵之法　十則圍之　五則攻之　倍則分之　敵則能戰之　少則能逃之　不若則能避之　故少敵之堅　大敵之擒也

　　夫將者國之輔[5]也　輔周[6]則國必强　輔隙則國必弱　故君之所以患於軍者三　不知軍之不可以進　而謂之進　不知軍之不可以退　而謂之退　是謂縻軍[7]　不知三軍[8]之事　而同[9]三軍之政者　則軍士惑矣　不知三軍之權　而同三軍之任　則軍士疑矣　三軍旣惑且疑　則諸候之難至矣　是謂亂軍引勝　故知勝者有五　知可以戰　與不可以戰者勝　識衆寡之用者勝　上下同欲者勝　以虞待不虞者勝　將能而君不御者勝　此五者知勝之道也　故曰　知彼知己　百戰不殆　不知彼而知己　一勝一負　不知彼不知己　每戰必殆

1) 전국위상(全國爲上) : 나라를 상하지 않고 온전하게 둔 채로 적을 굴복시키는 것이 최상의 책(策)이라는 말.

2) 노(櫓) : 성루(城樓) 위나 병진(兵陣) 앞에 두어 화살이나 투석을 막는 큰 방패.

3) 분온(轒轀) : 성을 공격하는 데 사용하는 병거(兵車)로 사다리가 달려 있음.
4) 거인(距闉) : 적진(성 안)을 정찰하기 위해 흙을 쌓아올려 만든 대.
5) 보(輔) : 수레의 양쪽 차축을 지지하여 바퀴가 빠져나가지 못하도록 버텨주는 덧방나무.
6) 주(周) : 일에 있어 허술한 구석이 없고 치밀하여 빈틈이 없음을 뜻함.
7) 미군(縻軍) : 군을 속박하여 마음대로 움직이지 못하는 것.
8) 삼군(三軍) : 전군(全軍)을 통칭하는 말.
9) 동(同) : 간섭하다. 참여하다.

4. 형편(形篇)[1]

군형(軍形)이라고도 한다. 전쟁에 있어서 근본되는 계획을 세우는 방법을 자세히 밝힌 것으로, 다음의 「세편(勢篇)」과 아울러 용병의 주요 내용이 기술되어 있다.

손자(孫子) 이르기를, 옛날의 전쟁에 능한 사람은 먼저 적이 이길 수 없는 준비로써 이길 수 있는 적을 기다리나니, 적이 이길 수 없는 준비는 내게 있고, 내가 이길 수 있는 것은 적에게 있기 때문이다.[2] 그러므로 전쟁에 능한 사람은 적이 이길 수 없는 준비는 하

---

1) 군(軍)의 힘을 세(勢)라고 하는데 군세(軍勢)를 십분 펼칠 수 있도록 도모하는 것이 군형(軍形)이다. 손자는 본편에서 정세에 따른 군형 변화에 대해 설명하고 있다.
2) '적이 이길 수 없는 준비로써 이길 수 있는 적을 기다린다'는 것은 수비태세를 튼튼히 하여 적에게 빈틈을 보이지 않고 그 후에 적의 허점을 간파하여 공격한다는 것을 뜻한다. 따라서 적이 이길 수 없는 준비(수비)

지만 반드시 적에게 이긴다고 하지 않는 것이다. 그러므로 승리는 미리 알 수는 있지만 반드시 나타내지는 못한다 하는 것이다.

적이 이길 수 없는 것은 지킴이요, 적을 이길 수 있는 것은 치는 것이니, 그저 지킴은 힘이 모자람이요, 나아가 치는 것은 힘이 넉넉하기 때문이다. 잘 지키는 사람은 깊은 땅 밑에 숨고, 잘 치는 사람은 높은 하늘 위에까지 움직이는 것이니[3] 그러므로 능히 스스로 보전하여 승리를 완전히 하는 것이다. 승부의 형세를 보는 것이 보통 사람의 눈에 지나지 않으면 최선이 아니며, 싸워 이겨서 천하가 선(善)하다 하는 것도 최선이 아닌 것이다. 그러므로 가을털 한 개를 든다 해서 힘이 세다 할 수 없고, 해와 달을 본다 해서 눈이 밝다 할 수 없고, 우레 소리를 듣는다 해서 귀가 밝다 할 수 없는 것이다.[4]

전쟁에 능한 사람의 승리는 이기기 쉬움을 이기는 것이다. 그러므로 그의 승리는 지혜롭다는 이름도 없으며 용맹스럽다는 공도 없

는 내게 있고 내가 이길 수 있는 것은 적에게 있는 것이다. 손자는 여기에서 수비와 공격의 순서에 대해 설명하고 공격의 신중성을 역설하고 있다. 이는 전쟁과 무력전을 가능하면 피할 것을 권하고 있는 앞의 내용과 일관된다. 완벽한 수비태세를 구축한다면 적어도 타의에 의한 전쟁이나 전면전의 가능성은 줄어들 것이다.

3) 수비를 잘한다는 것은 땅 속에 있는 것처럼 적에게 공격의 목표, 즉 허점을 제공하지 않는다는 것이며 공격을 잘하는 것은 하늘을 나는 듯이 주변 상황을 총괄적으로 파악하고 자유자재로 움직인다는 것을 의미한다.

4) 모든 사람이 알 수 있는 승리는 승패가 명확한 무력전을 통해서이다. 앞에서, 전쟁을 하지 않고 이기는 것을 최상의 승리로 꼽았던 것처럼 완벽한 수비태세를 갖추고 적의 허점을 기다리는 것은 결국 평시에 승리를 확정짓는다는 것이다. 이는 누구나 알 수 있는 무력전을 치르고 얻는 명시적인 승리보다 우위에 있는 것으로, 전쟁에 능한 사람은 사전에 승리를 확정한 다음에 싸우는 것이다.

는 것이다. 그의 승리는 어김이 없고, 어김이 없으매 나아가는 곳마다 반드시 이기는 것이니, 그의 이김은 이미 패한 것을 이겼을 뿐인 것이다. 그러므로 그는 패하지 않는 땅에 서서 적의 패함을 놓치지 않는 것이니, 그러므로 이기는 군사는 먼저 이긴 뒤에 싸우기를 구하고, 패하는 군사는 먼저 싸운 뒤에 이기기를 구하는 것이다.

군사를 잘 쓰는 사람은 도(道)를 닦아 갖추고 법을 세우는 것이니, 그러므로 능히 이기고 지는 일을 결정하는 것이다. 병법에 이르기를 '첫째는 도(度 : 피차의 국토의 크고 작고 넓고 좁음을 계산하는 것)요, 둘째는 양(量 : 피차의 인구수와 식량, 무기들의 수)이요, 셋째는 수(數 : 군사의 실제 수)요, 넷째는 칭(稱 : 피차의 실력 비교)이요, 다섯째는 승(勝 : 실제의 승리)이니, 국토는 도(度)를 낳고, 도(度)는 양(量)을 낳고, 양(量)은 수(數)를 낳고, 수(數)는 칭(稱)을 낳고, 칭(稱)은 승(勝)을 낳는다 하는 것이다.[5]

그러므로 이기는 군사는 일(鎰 : 스물넉 냥의 무게)의 무거움으로써 수(銖 : 기장 열매 한 개의 무게)의 가벼움을 다는 것과 같고, 패하는 군사는 수(銖)로써 일(鎰)을 다는 것 같으며,[6] 또 이기는 군사의 싸움이라는 것은 마치 막아둔 물을 천길 골짝에 터놓는 것 같은 것이니, 이것이 그의 형상인 것이다.[7]

---

5) 이 단락에서는 전쟁에서 승리하기 위해 계산해야 할 것을 기술하고 있다.
전장(戰場)의 길이가 계측되어야 양(量)을 알 수 있고 양을 알아야 거기에 배치할 군사의 수를 산출할 수 있다. 그런 연후에 양측의 전력을 비교하고 승패를 예측할 수 있는 것이다.
6) 결국 군사를 잘 쓰는 사람은 모든 것을 계산하여 적을 충분히 제압할 수 있는 태세(鎰)를 갖춘 후에 전쟁에 임한다. 즉 이긴 후에 싸운다는 것이다.
7) 선상(戰場)에 임해서는 군사들이 폭포처럼 힘차고 용감무쌍하게 싸울 수 있도록 군형(軍形)을 배치해야 한다.

第四　形篇

　　孫子曰　昔之善戰者　先爲不可勝　以待敵之可勝　不可勝在己　可勝在敵　故善戰者　能爲不可勝　不能使敵必可勝　故曰　勝可知　而不可爲　不可勝者守也　可勝者攻也　守則不足　攻則有餘　善守者　藏於九地之下[1]　善攻者　動於九天之上　故能自保而全勝也　見勝不過衆人之所知　非善之善者也　戰勝而天下曰善　非善之善者也　故擧秋毫[2]　不爲多力　見日月　不爲明目　聞雷霆[3]　不爲聰耳　古之所謂善戰者勝　勝易勝者也　故善戰者之勝也　無智名　無勇功　故其戰勝不忒　不忒者　其所措必勝　勝已敗者也　故善戰者　立於不敗之地　而不失敵之敗也　是故勝兵先勝而後求戰　敗兵先戰而後求勝

　　善用兵者　修道而保法[4]　故能爲勝敗之政　兵法　一曰度[5]　二曰量[6]　三曰數[7]　四曰稱[8]　五曰勝　地生度　度生量　量生數　數生稱　稱生勝　故勝兵若以鎰[9]稱銖[10]　敗兵若以銖稱鎰　勝者之戰民也　若決積水於千仞之谿者形也

1) 구지지하(九地之下) : 땅속 깊은 곳. 구(九)는 수의 극한을 상징.

2) 추호(秋毫) : 가을에 나는 새나 짐승의 털로 가볍고 미세함.

3) 뇌정(雷霆) : 천둥 치는 것.

4) 수도보법(修道保法) : 「계편(計篇)」에서 제시한 오사(五事 : 道·天·地·將·法) 중 첫째와 다섯째 항목인 도(道)와 법(法)을 뜻함.

5) 도(度) : 길이를 재는 것. 여기서는 지형의 장단을 계측한다는 뜻.

6) 양(量) : 분량을 계산하는 것. 여기서는 전장(戰場)의 넓이를 계산한다는 뜻.

7) 수(數) : 전장에 배치할 병사의 수.

8) 칭(稱) : 저울질하는 것으로 양측의 전력을 비교한다는 뜻.

9) 일(鎰) : 20량(兩)으로 24수(銖)가 1량. 수(銖)의 480배 가량의 무게.

10) 수(銖) : 일(鎰)의 1/480의 무게.

5. 세편(勢篇)[1]

이 편은 피차의 실상을 잘 비교하여 우리 군사를 격려하고 적을 억누르는 방법을 논한 것이다.

손자(孫子) 이르기를, 많은 사람을 다스림이 몇 사람 안 되는 적은 사람을 다스리는 것같이 되는 것은, 이 분수(分數 : 많은 수를 몇 갈래로 나눔. 소대장, 중대장, 연대장 같은 것)요, 많은 사람을 싸우게 함이 적은 사람을 싸우게 하는 것같이 되는 것은, 이 형명(形

---

1) 세(勢)는 힘이 움직이는 기세를 말하는 것으로, 손자는 본편(「병세편(兵勢篇)」으로 불리기도 함)에서 세(勢)의 운용에 관해 논하고 있다.
  세(勢)는 움직임을 통해서 나타나는 것으로 위치나 속도, 응집력과 힘의 양에 따라 결정된다. 힘의 대결장인 전장에서 승리하기 위해서는 정황에 적절한 움직임을 부여함으로써 군세(軍勢)를 극대화하는 것이 필요하다. 손자는 이 편에서 군세 운용의 중요성을 역설하고 있다.

名 : 형은 진치는 모양이요, 명은 명령 전달의 신호, 곧 깃발이나 북이나 종 같은 것)이요,[2] 삼군(三軍)이 적을 맞아 반드시 패하지 않게 하는 것은, 이 기정(寄正 : 寄는 그때 그때의 형편을 변화하는 법, 正은 충실한 실력으로 정정당당하게 나아가는 법)이요, 군사가 적과 부딪쳤을 때, 마치 돌을 달걀에 던지는 것같이 되는 것은, 이 허실(虛實 : 적의 빈틈을 타서 나의 실력으로 쳐나가는 법)이다.[3]

무릇 싸움은 정(正)으로 나아가고 기(奇)로써 이기는 것이다. 그러므로 기(奇)를 잘 쓰는 사람은 그 변화 끝없기 하늘과 땅 같고, 그 변화 다함 없기 강물 같으며, 숨었다 나타나기 해와 달과 같고, 죽었다 살아나기 사계절과 같은 것이다. 소리는 다섯 가지에 지나지 않지마는 그 다섯 소리의 변화는 이루 다 들을 수 없고, 빛은 다섯 가지에 지나지 않지마는 그 다섯 색의 변화는 이루 다 볼 수 없으며, 맛은 다섯 가지에 지나지 않지마는 그 다섯 맛의 변화는 이루 다 맛볼 수 없고, 전세(戰勢)는 기(奇)와 정(正)에 지나지 않지마는 기정(寄正)의 변화는 이루 다 헤아릴 수 없는 것이다. 기(奇)와 정(正)이 잇달아 나옴은, 마치 도는 고리처럼 끝이 없는 것이다. 누가 그것을 다 측량할 수 있으랴.[4]

---

2) 손자는 군세(軍勢)에 힘과 방향을 부여하여 극대화하는 요소로 편제의 효율성과 명령 체계의 일사불란함을 들고 있다. 이는 힘을 하나로 모아 집중시키는 것이 군세 운용의 중요한 원리임을 밝힌 것이다.

3) 정(正)은 적과 정면으로 대전하는 것을 뜻하고 기(奇)는 기습공격을 말한다. 전쟁에서 승리하기 위해서는 정공법과 기습전을 적절하게 운용하는 것이 필요한데, 적의 허점을 기다렸다가 기습공격(혹은 勢의 변칙운용)으로 치고 돌을 달걀에 던지는 것 같은 기세(實)로 밀어붙이는 것이 승리를 위한 세(勢) 운용임을 주장하고 있다.

4) 세(勢) 운용의 변화무쌍함을 설명하고 있는 부분이다. 손자는 「계편」에서 장수의 덕목 중 지혜를 으뜸으로 들었는데, 그 지혜란 바로 기(奇)와

빨리 흐르는 물이 돌을 띄우는 것은 그 세력이요, 빨리 나는 지조(鷙鳥:용맹스러운 새의 이름)가 다른 새를 쳐죽이는 것은 그 절(節:적당한 기회)이니, 그러므로 잘 싸우는 사람은, 그 형세가 힘하고 그 기회가 짧은 것이다.[5] 그 세는 잔뜩 당긴 쇠뇌(활의 이름)와 같고, 그 기회는 활을 떠나는 화살과 같은 것이다. 적과 어울려 싸워도 어지럽지 않고, 뒤섞여 싸워도 패하지 않는 것이다.

그러나 어지러움은 다스림에서 생기기 쉽고, 겁냄은 용기에서 생기기 쉽고, 약함은 강한 데서 생기기 쉬운 것이니, 치란(治亂)은 대오(隊伍)의 정비에 있고, 용겁(勇怯)은 그때의 형세에 있고, 강약(强弱)은 그때의 진세(陣勢)에 있는 것이다.

그러므로 적을 잘 움직이는 사람은 어떤 진법으로써 적을 따르게

정(正)의 변용 능력에 다름 아니다. 상황에 따른 계략의 유연한 적용과 그 계략에 맞는 세의 운용이야말로 승패를 결정짓는 요소라 할 수 있다.

이 편에서는 용병(用兵)의 실제 운용 원리로 분수(分數), 형명(形名), 기정(奇正), 허실(虛實) 등 네 가지 항목을 제시하고 있다.

5) 여기에서는 병세(兵勢)를 급류의 수세와 맹금의 형세에 비유하고 있다. 급류의 거센 흐름과, 속도와 힘을 갖춘 맹금의 절도 있는 형상은 세(勢)를 통한 군사력 분출의 극치를 보여준다.

그렇게 되지 않을 수 없도록 흐름을 거세게 운용하면서도 보이지 않는 질서와 절도를 갖추는 것, 그것이야말로 병세 운용의 대원칙이라 할 수 있다. 때문에 병사들의 용겁(勇怯)과 힘의 강약(强弱), 진영의 치란(治亂)에 대한 책임소재는 병사 개인에게 있지 않다. 요컨대 세(勢)라는 것은 그렇지 않을 수 없는 상태에 놓여진 위세로, 세의 운용은 병(兵)이 최대치의 힘을 발휘하지 않을 수 없도록 만드는 것이다.

이렇게 병세(兵勢) 운용을 중시한 손자에 반해 오자는 평소 덕치(德治)에서 형성된 국민들의 자발적, 능동적 전쟁 참여 의지를 더욱 중요한 요소로 파악하고 있다. 이는 오자가 가장 이상적인 군대로 제시한 '부자지병(父子之兵)'에 잘 나타난다.(『오자』의 「치병편」 참조)

하고, 어떤 곳을 주어 적이 가지게 하며, 이(利)를 보여 적을 꾀어 와서 군사로써 기다려 치는 것이다. 그러므로 전쟁에 능한 사람은 그 승리를 전체의 형세에 구하여 개인에게 요구하지 않고, 다만 그 자리에 알맞은 사람을 뽑아 그 전체의 형세에 맡기는 것이다. 전체의 형세를 맡은 사람은 군사를 싸우게 하기를, 마치 목석(木石)을 굴리는 것같이 하는 것이니, 목석의 성질은 편편한 곳에 두면 가만히 있고, 위태한 곳에 두면 움직이며, 네모난 것은 곧 머물고 둥근 것은 곧 구르는 것이니, 그러므로 군사로 하여금 싸우게 하는 그 세는, 마치 둥근 돌을 천길 산 위에서 굴리는 것과 같은 것이니, 이것이 세(勢)인 것이다.

第五　勢篇

　　孫子曰　凡治衆如治寡　分數[1]是也　鬪衆如鬪寡　形名[2]是也　三軍之衆　可使必受敵而無敗者　奇正[3]是也　兵之所加　如以碬投卵者　虛實[4]是也　凡戰者　以正合　以奇勝　故善出奇者　無窮如天地　不渴如江河　終而復始　日月是也　死而復生　四時是也　聲不過五　五聲[5]之變　不可勝聽也　色不過五　五色[6]之變　不可勝觀也　味不過五　五味[7]之變　不可勝嘗也　戰勢不過奇正　奇正之變　不可勝窮也　奇正相生　如循環之無端　孰能窮之

　　激水之疾　至於漂石者勢也　鷙鳥之疾　至於毀折者節也　是故善戰者　其勢險　其節短　勢如彍弩[8]　節如發機　紛紛紜紜[9]亂鬪　而不可亂也　渾渾沌沌[10]形圓　而不可敗也　亂生於治　怯生於勇　弱生於强　治亂數也　勇怯勢也　强弱形也　故善動敵者　形之敵必從之　予之敵必取之　以利動之　以卒待之　故善戰者　求之於勢　不責於人　故能擇人而任勢　任勢者　其戰人也　如轉木石　木石之性　安則靜　危則動　方則止　圓則行　故善戰人之勢　如轉圓石於千仞　之山者勢也

　1) 분수(分數) : 사단·연대·중대·소대 따위의 군의 편제.
　2) 형명(形名) : 형(形)은 사람의 시각을 통해 명령을 전달하는 도구나 방법으로, 깃발이나 진형(陣形)을 뜻하고, 명(名)은 청각을 통한 명령 전달 도구를 말함.
　3) 기정(奇正) : 기(奇)는 기습작전, 정(正)은 정면대결의 정공(正攻)을 뜻함.
　4) 허실(虛實) : 준비가 되어 있지 않은 상태를 허(虛), 완비된 상태를 실(實)이라고 함. 여기에서는 아군의 실(實)로 적의 허(虛)를 공격

한다는 의미로 쓰였음.

5) 오성(五聲) : 소리의 기본이 되는 다섯 가지 소리(宮・商・角・徵・羽).

6) 오색(五色) : 색의 기본이 되는 다섯 가지 색깔(靑・黃・赤・白・黑).

7) 오미(五味) : 모든 맛의 기본이 되는 다섯 가지 맛(신맛, 매운맛, 짠맛, 단맛, 쓴맛).

8) 확노(礦弩) : 쇠뇌. 여러 개의 화살을 일제히 쏘게 만든 기구.

9) 분분운운(紛紛紜紜) : 질서를 잃고 혼란한 상태.

10) 혼혼돈돈(渾渾沌沌) : 적군과 아군을 분간할 수 없는 상태.

6. 허실편(虛實篇)[1]

이 편은 반드시 이길 수 있는 실력을 길러 적을 만날 때, 적이 어떠한 꾀로써 오더라도 세(勢)를 자유자재로 변화시킴으로써 승리를 거두는 법을 논한 것이다.

손자(孫子) 이르기를, 무릇 적보다 먼저 진지(陣地)를 잡아 적을 기다리는 군사는 힘과 마음에 여유가 있고, 적에 뒤져서 전지(戰地)에 나아가 기다리는 적과 마주할 때는 힘과 마음이 고달플 것이다. 그러므로 싸움에 능한 사람은 적을 먼저 제어하여 적의 제어를 받지 않는 것이다.[2] 적을 스스로 오게 하려면 어떤 이익을 보여 꾀

---

1) 「세편」에서 용병(用兵)의 운용 원리 중 하나로 제시되었던 허실(虛實)은 준비되지 않은 적의 빈틈(虛)을 완비된 아군의 충실함(實)으로 공격하는 것이었다. 이 편에서는 허실(虛實)을 구체적인 전장 상황을 통해서 설명하고 있다.

2) 본 편의 핵심을 보여주는 부분이다. 적에게 제어당하지 않고 적을 제

고, 적이 스스로 못 오게 하려면 어떤 해로운 점을 보여 막아야 하는 것이다.

만일 적이 편안하면 이것을 괴롭히고, 적이 배부르면 이것을 굶주리게 하며, 적이 침착하면 이것을 어지럽혀야 하는 것이다.[3] 그가 반드시 나아갈 곳에 먼저 나아가 기다릴 것이요, 또한 그의 뜻하지 않은 곳에 나가 그를 쳐야 할 것이다. 천리의 먼 길을 걸어도 피로하지 않은 것은 도중에 적의 방비가 없음이요, 쳐서 반드시 빼앗음이 있는 것은 그의 지키지 않는 곳을 침이요, 지켜서 반드시 든든한 것은 적이 칠 수 없는 곳을 지키기 때문인 것이다. 그러므로 공격에 능한 사람은 적이 어느 곳을 지켜야 할지 모르게 하며, 지키기에 능한 사람은 적이 어느 곳을 쳐야 할지 모르게 하는 것이니, 아! 미묘하구나. 어떻게 나타낼 수 없으며, 신기롭구나. 무어라 말할 수 없는 것이다. 그러므로 적의 운명은 내 손에 있는 것이다.

나아가 칠 때, 적이 막지 못하는 것은 그의 빈 곳을 찌름이요, 물러나 달릴 때, 적이 따라오지 못하는 것은 빨라서 미치지 못하는 까닭이다. 그러므로 내 나아가 싸우고자 할 때, 적이 비록 성을 높게 쌓고 도랑을 깊이 하여 막더라도, 나와 싸우지 않을 수 없는 것

어한다는 것은 전장 상황을 자신에게 유리한 상태로 만드는 것으로서, 전장의 주도권을 선취하는 것이다. 진지에 먼저 나아가 전력을 가다듬고 적을 기다리는 것은 아군의 실(實)을 다지고, 적의 허(虛)를 먼저 관측해서 그것을 유발하게 할 수 있는, 다시 말해 전장의 주도권을 선점할 수 있는 발판이 된다. 아군의 허점은 감추고 적의 허점은 드러내어 아군의 충실함으로 공격하는 것, 그것은 전장에서의 주도권을 아군이 갖고 있을 때 가능한 것이다.

3) 적의 빈 곳이 보일 때까지 기다리지 않고 능동적으로 허점을 유발하는 것은 전술 운용의 기본적인 원리이다.

은, 그의 가장 요긴한 곳을 치는 까닭이요, 내 물러나 싸우고자 아 니할 때 땅을 그어 지키더라도 적이 나와 싸울 수 없는 것은, 그의 생각하지 않은 곳을 지키기 때문인 것이다.

그러므로 적의 형편을 밝게 알고 내 형편을 드러내지 않으면 나는 한 곳에 힘을 쏟을 수 있고, 적은 여러 곳으로 힘이 갈라질 것이니, 내 한 곳에 힘을 쏟아 하나가 되고, 적은 여러 곳으로 갈리어 열이 되면, 이것은 열의 힘으로써 하나의 힘을 상대하는 것이다. 나는 여럿이요 적은 하나라, 많은 힘으로 적은 힘을 치는 것은 싸움을 쉽게 하는 것이다.

그러므로 싸움에 있어서 그 지형(地形)을 자세히 알아 한 곳에 힘을 써야 하는 것이니, 지형에 밝지 못한 적은 그 준비하는 곳이 많아질 것이라, 그의 준비하는 곳이 많아지는 것은 곧 나의 싸울 곳이 적어지는 것이다.[4]

만일 적의 준비가 앞에 있으면 그 뒤가 약할 것이요, 그 준비가 뒤에 있으면 앞이 약할 것이요, 그 준비가 왼쪽에 있으면 오른쪽이 약할 것이요, 그 준비가 오른쪽에 있으면 왼쪽이 약할 것이요, 준비하지 않은 곳이 없으면 약하지 않은 곳이 없을 것이니, 내 힘이 적게 드는 것은 이미 적에 대한 준비가 충실함이요, 내 힘이 많아지는 것은 적으로 하여금 나를 막기에 허덕이게 하는 것이다.

그러므로 싸울 장소의 지형을 밝게 알고 싸울 날을 밝게 알면,

---

4) 전장의 지형에 밝다는 것은 적의 동태 파악과 적의 병력 배치에 대한 효율적인 대응이 용이하여 전세(戰勢)를 아군에게 유리한 방향으로 조정할 수 있음을 뜻한다. 상대적으로 지형에 밝지 못한 적군은 병세(兵勢)의 경제적 운용이 어렵고 병력이 분산됨으로써 허점을 유발하게 되는 것이다. 사전의 치밀한 계획과 준비가 있을 때만이 전세(戰勢)를 유리하게 이끌 수 있는 것이다.

천리의 먼 곳에 가서 적을 만나도 이길 수 있을 것이다. 그러나 만일 지형에 밝지 못하고 그날을 알지 못하면 왼쪽이 오른쪽을 구원하지 못하고, 오른쪽이 왼쪽을 구원하지 못하며, 앞이 뒤를 구원하지 못하고, 뒤가 앞을 구원하지 못할 것이니, 이러고야 멀리는 수십 리, 가까이는 수리인들 자유로운 활동이 있을 수 있겠는가? 내 이로써 생각하면, 아무리 월(越)나라의 군사가 많다 한들 승부에 무슨 이익이 있겠는가? (이때 손자는 오왕吳王에게 설명하는 것이요, 또 월은 오와 적대의 나라이기 때문에 반드시 월을 이긴다고 강조하였다.) 그러므로 이르노니, 반드시 이길 수 있는 것이다.

적의 수가 아무리 많다 해도 그 실제의 전투력을 없앨 수 있으니, 먼저 피차의 실력을 비교하여 승부의 꾀를 알고, 적을 움직이게 하여 그 동정(動靜)의 이치를 알고, 적의 형세를 살피어 그 생사(生死)의 경계(境界)를 알고, 적과 맞붙어 그 넉넉하고 모자라는 것을 아는 것이다. 그러므로 군사의 형세는 무형(無形)에까지 이르러야 하는 것이다.[5] 군사의 형세가 무형에까지 이르면, 깊고 그윽하여 엿볼 수 없어, 지혜 있는 사람도 꾀를 쓸 수 없고, 적의 형세를 밝게 살피어 그 힘 둔 곳을 쳐 나아가면, 많은 군사도 힘쓰지 못할 것이다. 그리하여 사람들은 나의 승리의 결과는 알지마는 그 승리를 거둔 까닭의 형세는 모르는 것이니, 그러므로 그 승리의 방법은 되풀이하는 일이 없고, 그 변화는 끝이 없는 것이다.

대개 군사의 형세는 물을 본뜨는 것이니, 물은 높은 곳을 피하여 낮은 곳으로 흐르는 것이라. 그러므로 군사의 형세는 실한 곳을 피

---

5) 병세(兵勢)가 무형(無形)하다는 것은 전술 운용을 자유롭게 함으로써 적으로 하여금 아군의 움직임을 알 수 없도록 만드는 것이다. 자유자재한 병세(兵勢)는 수직으로 많은 적이 자신의 군사력을 응집할 수 있는 전술 운용을 차단함으로써 적을 무력화시킨다.

하여 빈 곳을 치며, 또 물은 지형(地形)을 따라 그 흐름이 변하는 것이라. 그러므로 군사는 적의 형세를 따라 승리를 거두는 것이다. 그러므로 군사에는 일정한 세(勢)가 없고 물에는 일정한 모양이 없는 것이니, 능히 적을 따라 변화하여 승리를 거두는 것을 일러 신(神)이라 하는 것이다. 그러므로 오행(五行 : 金・木・水・火・土)에는 항상된 주(主)가 없고, 사시(四時)에는 항상된 기후가 없으며, 해에도 길고 짧음이 있고, 달에도 죽음과 삶이 있는 것이다.[6]

---

6) 오행에는 상극이 있어서 쇠는 나무를 이기고 나무는 흙을 이기고 흙은 물을 이기고 물은 불을 이기고 불은 쇠를 이긴다. 해와 달과 계절이 늘 변화하는 것처럼 만물은 끊임없는 운동 속에 존재하는 것이다.

동양철학의 중요한 원리를 제시한 『주역』 역시 끊임없이 변화하고 흘러 넘치는 운동성을 우주 창조의 원리로 보고 있다.

생과 사의 갈림터인 전장에서 살아남을 수 있는 것도 이 변화의 원리 속에 있을 때 가능한 것이다.

第六 虛實篇

　　孫子曰 凡先處戰地 而待敵者佚 後處戰地 而趨戰者勞 故善戰者致人 而不致於人 能使敵人自至者利之也 能使敵人不得至者害之也 故敵佚能勞之 飽能飢之 安能動之 出其所不趨 趨其所不意 行千里而不勞者 行於無人之地也 攻而必取者 攻其所不守也 守而必固者 守其所不攻也 故善攻者 敵不知其所守 善守者 敵不知其所攻 微乎微乎 至於無形 神乎神乎 至於無聲 故能爲敵之司命

　　進而不可禦者 衝其虛也 退而不可追者 速而不可及也 故我欲戰 敵雖高壘深溝 不得不與我戰者 攻其所必救也 我不欲戰 畫地而守之 敵不得與我戰者 乖其所之也 故形人[1]而我無形 則我專而敵分 我專爲一 敵分爲十 是以十共其一也 則我衆而敵寡 能以衆擊寡者 則吾之所與戰者約[2]矣

　　吾所與戰之地 不可不知 不可知則敵所備者多 敵所備者多 則吾所與戰者寡矣 故備前則後寡 備後則前寡 備左則右寡 備右則左寡 無所不備 則無所不寡 寡者備人者也 衆者使人備己者也 故知戰地 知戰之日 則可千里而會戰 不知戰地 不知戰日 則左不能救右 右不能救左 前不能救後 後不能救前 而況遠者數十里 近者數里乎 以吾度之 越人之兵雖多 亦奚益於勝敗哉 故曰 勝可爲也

　　敵雖衆 可使無鬪 故策之而知得失之計 作[3]之而知動靜之理 形之而知死生之地 角之而知有餘不足之處 故形兵之極 至於無形 無形則深間不能窺 知者不能謀 因形而錯勝於衆 衆不能知 人皆知我所以勝之形 而莫知所以制勝之形 故其戰勝不復 而應形於無窮 夫兵形象水 水之行 避高而趨下 兵之形 避實而擊虛 水因地而制流 兵因敵而制勝 故兵無常勢 水無常形 能因敵變化 而取勝者 謂之神 故五行[4]無常勝

四時無常位 日有短長 月有死生

1) 형인(形人) : 상대의 형세를 드러나게 하는 것.
2) 약(約) : 간략함, 수월함, 쉽게 함.
3) 작(作)이 후(候, 살필 후)로 되어 있는 이본(異本)들도 있음.
4) 오행(五行) : 천지만물을 이루는 다섯 가지 원기(元氣)로서, 쇠(金)·나무(木)·물(水)·불(火)·흙(土).

7. 군쟁편(軍爭篇)[1]

이 편은 피차의 두 군사가 직접 맞붙어 격렬한 싸움이 벌어졌을 때의 전법을 논한 것이다.

 손자(孫子) 이르기를, 무릇 군사를 쓰는 법에 먼저 장군이 임금의 명령을 받아, 군사를 거느리고 전장에 나아가, 적과 상대하여 진을 쳤을 때에, 이 군쟁(軍爭 : 서로 승리를 다투는 것)보다 어려운 것이 없으니 군쟁의 어려움은 무엇인고? 첫째, 길을 돌아가는 듯하여 바로 가고, 불리한 듯하면서 이익을 거둠이니, 길을 돌면서 이

---

1) 군쟁이란 전쟁에서 승리를 쟁취하는 것을 말한다. 이 편에는 적을 이기는 전술로 사치(四治 : 治氣・治心・治力・治變)가 설명되어 있다. 이 전술의 원리는 '돌아가는 듯 바로 가는 계략'을 핵심으로 한다. 우회하여 직행을 앞서고 해로운 것을 이로운 것으로 민드는 이 전화위복의 전략은, 따라서 이로움과 위태로움을 다투는 것이다.

(利)로써 적을 꾀어 때를 보아 쳐부수면, 이것은 남의 뒤에 떠나 남의 앞에 이름이니, 이것을 일러 '길을 돌아가는 듯 바로 가는 꾀를 안다' 하는 것이다. 그러므로 군쟁은 매우 어려운 것이어서 이해(利害)에 크게 관계되는 것이다.[2] 온 군사를 온통 몰아 이익을 다투어도 미치지 못할 수 있고, 뒤진 군사를 버리고 이익을 다투면 치중(輜重 : 물품을 운반하는 군사)이 곧 뒤떨어져 죽을 것이다.

그러므로 무기를 서둘러 모아 달려가 밤낮을 쉬지 않고, 길을 갑절이나 걸어 백 리 밖에서 이익을 다투면 곧 삼군(三軍)의 장군이 사로잡힘이 될 것이니, 날랜 자 먼저 가고 약한 자 뒤떨어져 그 군사의 힘이 10분의 1밖에 못 되기 때문이요, 또 그 모양으로 오십 리를 달려 이익을 다투면, 곧 상장군(上將軍)을 잃어 그 군사의 힘이 반밖에 못 될 것이요, 삼십 리를 달려 이익을 다투면 그 힘이 3분의 1밖에 못 될 것이다. 그러므로 싸움에 치중(輜重)이 없으면 망하고, 양식이 없으면 망하고, 재물의 저축이 없으면 망하는 것이

---

2) 이 말은 불리한 듯하고 우회하는 듯한 상황을 선택해서 이로움을 성취하려는 전략은 결과적으로 이로움을 얻기 위한 것이지만 그만큼 위험부담이 높다는 것이다. 다음 단락에 기술된 위태로운 상황은 우회전술이 초래할 수 있는 결과이다. 때문에 우회전술은 정확한 정세 판단과 효과적인 전술의 선택, 그리고 적절한 군사의 운용이 필수적이다.
나폴레옹이 오스트리아 군을 치기 위해 알프스를 넘은 역사적 사실은 우회전술의 대표적 사례라 할 수 있다.
적이 생각하지 못한 길이기 때문에 빈틈이라 할 수 있지만 아군에게도 상당한 부담이 된다는 점에서 이 전술에는 이로움과 위태로움이 공존한다. 상대의 허를 찌르는 것은 상식을 넘어서는 전술이 마련되지 않을 때 역으로 자신의 허(虛)가 되는 것이다. 허(虛)와 실(實)이 동전의 양면처럼 맞닿아 있기에 한치의 오차도 용납될 수 없는 곳, 그것이 바로 이로움과 위태로움이 공존하는 전장의 현실이다.

다.

 그러므로 여러 제후(諸侯)들의 꾀를 모르면 미리 그들과 사귈 수 없고,[3] 산림(山林)의 험한 곳과 늪과 진창(泥澤)들의 지형(地形)을 모르면 행군을 할 수 없고, 길잡이를 쓰지 않으면 지리의 편리를 얻을 수 없을 것이다. 전투는 속이는 것으로써 서는 것이요, 이익으로써 움직이는 것이요, 나뉘고 합함으로써 변하는 것이다.

 그러므로 그 빠르기는 바람과 같고, 그 고요하기는 숲과 같으며, 적을 앗을 때는 불같이 하고, 나를 지킬 때는 산처럼 하며, 어둠 속인 듯 나를 숨기고, 한번 움직이면 우레처럼 하는 것이다. 물건을 얻으면 여럿에게 갈라 주고, 땅을 빼앗으면 이익을 나누며, 적의 힘을 따라 움직이는 것이다. 먼저 '돌아가는 듯 바로 가는 꾀'를 알아야 할 것이니, 이것이 군쟁(軍爭)에서 이기는 법인 것이다.

 군정(軍政 : 군의 규칙을 정한 글)에 이르기를, 말해도 들리지 않기 때문에 북과 종을 만들고, 보아도 보이지 않기 때문에 여러 가지의 기(旗)를 지은 것이니, 대개 북과 종과 깃발은 군사의 귀와 눈을 하나로 하고자 함인 것이다. 군사의 마음이 이미 하나인지라, 용감한 자도 혼자서 나아갈 수 없으며, 비겁한 자도 혼자서 물러날 수 없을 것이니, 이것이 많은 군사를 부리는 법이다.

 그러므로 밤싸움에는 횃불과 북을 많이 쓰고 낮싸움에는 기(旗)

---

3) 모든 나라는 철저하게 실리(實利)의 자장 내에서 움직인다. 더욱이 국가의 존망이 걸린 전시에는 이러한 실리주의가 보다 구체적이고 선명하게 부상하게 마련이다. 때문에 전시에 아군을 지원하거나 적군에 동조해서 전세에 영향을 줄 수 있는 주변국 제후들의 계획을 사전에 파악하는 일은 뜻하지 않은 사태를 방지하고 전장 상황을 유리하게 전개시키는 데 매우 중요한 사항이라 할 수 있다. 주변국의 의중과 계획을 감지하고 있을 때 그들을 아군에 유리한 요인으로 만들 수 있는 것이다.

를 많이 쓰는 것이니, 이것은 군사의 귀와 눈을 변화시키고자 함이라. 그로써 적의 삼군(三軍)의 기운을 빼앗고 적의 장군의 마음을 빼앗는 것이다.[4] 대개 군사의 아침 기운은 날카롭고 낮 기운은 게으르며 저녁 기운은 고달픈 것이다. 그러므로 전쟁에 능한 사람은 그 날카로운 기운을 피하여 그 게으르고 고달픔을 치는 것이니, 이것이 사람의 기운을 지배하는 길이요, 온전한 질서로써 적의 어지러움을 기다리고, 고요함으로써 적의 덤빔을 기다릴 것이니, 이것이 사람의 마음을 지배하는 길이며, 가까운 데서 먼 적을 기다리고 편안함으로써 고달픈 적을 기다리며, 든든히 먹음으로써 굶주린 적을 기다릴 것이니, 이것이 힘을 지배하는 길인 것이다. 질서정연한 깃발로 나아오는 적과는 맞서지 말 것이요, 당당한 진세(陣勢)로 다가오는 적은 치지 말 것이니, 이 또한 변화를 부리는 길인 것이다.[5]

그러므로 군사를 쓰는 법은, 높은 언덕의 적은 맞서지 말 것이요, 산을 등진 적은 치지 말 것이요, 거짓 달리는 적은 쫓지 말 것이요, 날카로운 적은 치지 말 것이요, 꾀는 미끼는 먹지 말 것이요, 돌아가는 군사는 막지 말 것이요, 에워싸인 군사는 한 곳을 터줄 것이

---

4) 북과 종, 횃불과 기는 명령을 전달하는 신호 체계를 구성하지만 단순한 신호 도구에 그치는 것은 아니다. 이 도구들은 편제 단위별로 배당되기 때문에 간접적으로 군의 규모를 시사해준다. 신호 도구의 이러한 부차적 기능은 병세(兵勢)가 육안으로 관찰되지 않을 때 군대의 규모를 위장하는 전술의 한 장치가 된다.

5) 적의 기운이 날카로운 때를 피해 고달플 때를 기다리고(治氣), 적의 마음이 고요할 때를 피해 어지러움을 기다리며(治心), 적의 힘이 비축되어 있을 때를 피해 굶주림을 기다리고(治力), 적진(敵陣)이 질서정연할 때를 피해 어수선함을 기다리는 것(治變), 이 네 가지를 사치(四治)라 한다. 이는 앞에서 누차 강조한 적의 허(虛)를 기다려 나의 실(實)로 공격하는, 병법의 대원칙을 구체화한 네 가지 용병술이라 할 수 있다.

요, 갈 곳 없는 적은 너무 쫓지 말 것이니, 이것이 군사를 쓰는 법인 것이다.[6]

---

6) 전의(戰意)를 상실한 채 진퇴유곡에 처한 적의 퇴로는 차단하지 말라는 손자의 견해는 총괄편인 「계편」에서 오사(五事)의 하나로 제시한 도(道)의 구체적 실천을 시사하는 것으로 손자병법이 동양(東洋) 정신에 기초하고 있음을 보여준다.

만물의 질서를 조화와 변화 속에서 파악하는 동양 정신은 적의 완전소탕을 승리로 인식하지 않는다. 모든 것은 세(勢)의 변화와 흐름 속에서 이루어지기 때문에 상대편을 전멸(全滅)시키는 것은 바람직하지 않다. 오히려 상대편이나 과거의 상황을 내 속에 포용하고 조화시키는 것이 창조의 흐름을 실(實)하게 이어갈 수 있는 방법인 것이다. 최악의 상태에 놓인 적을 공격하는 것은 미약한 적의 기세를 한시적이나마 날카롭게 할 수 있어 뜻밖의 피해를 입을 수 있으며, 적을 전멸시키는 것은 적으로 하여금 새로운 전의를 갖게 하는 불씨가 될 수 있다. 새로운 상태는 변화의 기운 속에 있는 것이지 전무(全無)에서 시작되는 것은 아니다.

第七 軍爭[1]篇

孫子曰 凡用兵之法 將受命於君 合軍聚衆 交和而舍 莫難於軍爭 軍爭之難者 以迂爲直 以患爲利 故迂其途 而誘之以利 後人發 先人至 此知迂直之計者也 故軍爭爲利 軍爭爲危 擧軍而爭利 則不及 委軍而爭利 則輜重[2]捐 是故券甲趨 日夜不處 倍道兼行 百里而爭利 則擒三將[3]軍 勁者先 罷者後 其法十一而至 五十里而爭利 則蹶上將軍[4] 其法半至 三十里而爭利 則三分之二至 是故軍無輜重則亡 無糧食則亡 無委積則亡

故不知諸候之謀者 不能豫交 不知山林險阻沮澤之形者 不能行軍 不用鄕導[5]者 不能得地利 故兵以詐立 以利動 以分合爲變者也 故其疾如風 其徐如林 侵掠如火 不動如山 難知如陰 動如雷霆 掠鄕分衆 廓地分利 懸權而動 先知迂直之計者 勝此軍爭之法也

軍政[6]曰 言不相聞 故爲鼓鐸 視不相見 故爲旌旗[7] 夫金鼓旌旗者 所以一民之耳目也 民旣專一 則勇者不得獨進 怯者不得獨退 此用衆之法也 故夜戰多火鼓 晝戰多旌旗 所以變民之耳目也 故三軍可奪氣 將軍可奪心 是故朝氣銳 晝氣惰 暮氣歸 故善用兵者 避其銳氣 擊其惰氣 此治氣者也 以治待亂 以靜待譁 此治心者也 以近待遠 以佚待勞 以飽待飢 此治力者也 無要正正之旗[8] 勿擊堂堂之陳[9] 此治變[10]者也 故用兵之法 高陵勿向 背邱勿逆 佯北[11]勿從 銳卒勿攻 餌兵[12]勿食 歸師勿遏 圍師必闕 窮寇勿迫 此用兵之法

1) 군쟁(軍爭) : 군대를 사용하여 승리를 다투는 일.
2) 치중(輜重) : 군수품을 수송하는 수레, 전차.
3) 삼장(三將) : 앞에 선 군을 상군(上軍), 중간에 가는 군을 중군(中

軍), 후미에 선 군을 하군(下軍)이라 하고 이 상·중·하군을 삼군(三軍)이라 하고 각군의 장군을 상장군(上將軍)·중장군(中將軍)·하장군(下將軍)이라 함. 삼장(三將)은 이들 삼군의 장군을 말함.

4) 상장군(上將軍) : 앞에 선 군(軍)의 장수.

5) 향도(鄕導) : 향도(嚮導)라고도 한다. 지리나 정세를 잘 알고 있는 사람.

6) 군정(軍政) : 전국시대 이전에 있었던 병서의 일종.

7) 정기(旌旗) : 둘 다 기를 뜻하되 정(旌)은 깃대 끝에 깃털을 단 기.

8) 정정지기(正正之旗) : 군사들의 깃발이 질서정연한 모양.

9) 당당지진(堂堂之陣) : 기세가 의젓하고 당당한 상태.

10) 치변(治變) : 변화로써 다스린다. 적의 정세에 따라 전술을 적절하게 변화시켜 대응한다는 뜻.

11) 양배(佯北) : 거짓으로 패배한 것처럼 달아나는 것.

12) 이병(餌兵) : 낚시의 미끼처럼 유인하는 병사.

8. 구변편(九變篇)[1)]

이 편은 실전에서 필요한 임기응변의 조치를 설명한 것으로서, 특히 아홉 가지의 주의할 점을 들어, 그 하나하나를 적당하게 쓰는 방법을 논한 것이다.

　손자(孫子) 이르기를, 무릇 군사를 쓰는 법은 장군이 임금의 명령을 받아 군사를 거느려 전장에 다다랐을 때, 첫째, 물이 가까운 낮은 땅에서는 진치지 말 것이요, 둘째, 길이 사방으로 통한 곳에서는 먼저 그 이웃나라와 잘 사귀어 적을 외롭게 할 것이요, 셋째, 교통이 극히 어려운 곳에서는 머물지 말 것이요, 넷째, 사방이 둘러싸여 험한 곳에서는 꾀를 써 나올 것이요, 다섯째, 어떻게 할 수

---

　1) 구변(九變)이란 전쟁에서 피해야 할 아홉 가지 지리적 상황을 가리킨다. 본편에서는 전장에서 조심해야 할 상황을 구변과 오리(五利 : 다섯 가지의 이로움)로 제시하고 오위(五危)를 통해 장수가 피해야 할 다섯 가지 위험한 정황을 설명하고 있다.

없이 막다른 곳에서는 죽을 힘으로 싸울 것이요,[2] 여섯째, 길이 있다고 함부로 가지 말 것이요, 일곱째, 적이 보였다고 함부로 치지 말 것이요, 여덟째, 성(城)이 있다고 함부로 치지 말 것이요, 아홉째, 땅이 있다고 함부로 다투지 말 것이요, 열째, 임금의 명령이라고 해도 함부로 듣지 말 것이다.[3] 그러므로 장군으로서 이 아홉 가지 변화의 이익에 통하면, 군사를 쓸 줄 안다고 할 것이요, 이것을 모르면 비록 땅의 형세는 알지마는 땅의 이익은 거두지 못한다 할 것이다. 군사를 다스림에 있어서, 이 아홉 가지 변화의 법을 모르면 비록 다섯 가지의 이익은 알지마는 사람을 능히 마음대로 부린다 할 수는 없을 것이다.(이상 10개 조건 가운데서, 열째 조건을 빼고 그 앞의 아홉 조건을 이른바 구변九變이라 하는 것이다. 그리고 '다섯 가지의 이익'이라는 것은 '길이 있다고……'에서 그 이하의 다섯 가지를 이름이다.)

---

2) 이 부분은 이본(異本)들 간의 차이가 많다. 이 책에서 「군쟁편」의 끝부분에 기술되어 있는 "그러므로 군사를 쓰는 법은, 높은 언덕의 적은 맞서지 말 것이요, 산을 등진 적은 치지 말 것이요, 거짓 달리는 적은 쫓지 말 것이요, 날카로운 적은 치지 말 것이요, 꾀는 미끼는 먹지 말 것이요, 돌아가는 군사는 막지 말 것이요, 에워싸인 군사는 한 곳을 터줄 것이요, 갈 곳 없는 적은 너무 쫓지 말 것이니, 이것이 군사를 쓰는 법인 것이다"라는 내용이 구변(九變) 중 다섯 가지 항목으로 기술된 채 이 부분이 생략된 본(本)도 있고 「군쟁편」과 「구변편」 양쪽에 중복되어 수록된 본(本)도 있다.
3) 군주의 명령이라 해서 무조건 복종하는 것이 진정한 충(忠)이라 할 수 없다. 전장의 상황이나 병법에 밝지 못한 군주가 전세에 불리한 명령을 하달할 때 이를 복종하는 것은 오히려 불충(不忠)이 된다. 국가의 존망이 걸린 전장에서 장수에게는 군주의 명령을 선별해서 듣는 용기가 절대적으로 필요하다.

그러므로 지혜로운 사람의 계획은 항상 이해(利害)를 생각하는 것이니,[4] 이(利)가 없으면 힘써 이루고, 해(害)가 있으면 걱정을 푸는 것이다. 그러므로 제후(諸侯)에게 항복받으려면 그의 해로운 곳을 치고, 제후를 괴롭히려면 여러 가지 사건으로써 하고, 제후를 오게 하려면 이익으로써 하는 것이다. 대개 군사를 쓰는 법은 적이 오지 않을 것을 믿지 말고 내가 기다리는 실력을 믿을 것이요, 적이 치지 않을 것을 믿지 말고, 내게 적이 칠 수 없는 힘이 있음을 믿을 것이다.

장수에게 다섯 가지 위태로운 일이 있다. 혈기에 들뜬 용기로써 '반드시 죽겠다'는 마음을 가짐이니 이는 죽일 수 있고,[5] 비겁한 자의 생각으로 '반드시 살겠다'는 마음을 가짐이니 이는 사로잡을 수 있고, 성급하여 화를 잘 내는 성질을 가짐이니 이는 업신여길 수 있고,[6] 맑고 깨끗하여 이름을 위함이니 이는 모욕을 줄 수 있고, 인정에 끌려 백성을 사랑함이니 이는 걱정을 줄 수 있을 것이다.[7] 대개 이 다섯 가지는 장수의 허물이요, 용병(用兵)의 재화(災禍)라, 군사를 뒤엎고 장수를 죽임은 반드시 이 오위(五危)에 있으니, 깊

---

4) 이로움과 해로움을 함께 살피라는 것이다. 이로움 속에는 해로움이, 해로움 속에는 이로움이 항상 병존하기 때문에 두 국면을 모두 살펴서 대처하라는 것이다.

5) 필사(必死)의 의지는 장수에게 요청되는 심리 태도 중의 하나지만 그것이 고정된 채로 마음속에 자리잡으면 상황에 유연하게 대처할 수 있는 사고를 차단함으로써 화를 자초하는 원인이 될 수 있다. 무가치한 죽음이나 승산 없는 전투를 강행하지 말라는 것이다.

6) 장수가 전장의 상황에 감정을 드러내면 적은 이를 계략적으로 이용하여 모멸감을 불러일으킴으로써 사태를 그르치도록 유도할 것이다.

7) 장수가 인정에 끌려 백성을 사랑하는 기색을 노출하면 적은 백성을 괴롭히는 계략으로 아군을 함정에 빠뜨릴 것이다.

이 살펴야 할 것이다.

第八　九變篇

　　孫子曰　凡用兵之法　將受命於君　合軍聚衆　圮地[1]無舍　衢地[2]合交　絶地無留　圍地則謀　死地則戰　塗有所不由　軍有所不擊　城有所不攻　地有所不爭　君命有所不受　故將通於九變之利者　知用兵矣　將不通於九變之利者　雖知地形　不能得地之利矣　治兵不知九變之術　雖知五利　不能得人之用矣

　　是故智者之慮　必雜於利害　雜於利　而務可信也　雜於害　而患可解也　是故屈諸候者以害　役諸候者以業　趨諸候者以利　故用兵之法　無恃其不來　恃吾有以待也　無恃其不攻　恃吾有所不可攻也　故將有吾危　必死可殺也　必生可虜也　忿速可侮也　廉潔可辱也　愛民可煩也　凡此五者　將之過也　用兵之災也　覆軍殺將　必以五危　不可不察也

1) 비지(圮地) : 험하거나 습한 지역으로 군사들이 행군을 하거나 작전을 펼치기 어려운 곳.
2) 구지(衢地) : 교통이 사통팔달(四通八達)한 곳.

9. 행군편(行軍篇)[1]

　이 편은 적의 형세를 자세히 살피고, 또 나아갈 지형과 주위의 사정을 조사하여, 그때그때 적당하게 조처하는 법을 설명한 것으로서, 실전에 극히 유용한 내용으로 이루어져 있다.

　손자(孫子) 이르기를, 무릇 군사를 거느리고 나아갔을 때는 먼저 지형을 살펴야 할 것이니, 산이 있으면 산을 넘어 골짝에 진을 치고, 조금 높은 언덕에서는 남향으로 진을 치고[2], 산 위의 적을 향해서는 올라가지 말 것이니, 이것이 산에 가까이 진 치는 군사요,[3] 물

---

1) 안전한 행군(行軍 : 군사를 나아가게 함)에는 지형의 숙지와 정찰, 그리고 적진의 동정과 의도 파악이 필수적이다. 본편에서는 피해야 할 지형과 지형에 따른 이해(利害), 적진의 모습을 통해 적의 상태를 진단하는 방법 등이 기술되어 있다.
2) '높은 언덕에서는 남향으로 진을 치라'는 것은 '시계(視界)가 트이고 위치가 높은 곳에 처하라(視生處高)'는 원문 내용을 의역한 것이다.

을 건너 진을 칠 때는 반드시 물을 멀리할 것이요, 적이 물을 건너 올 때는 건너기 전에 마주하지 말고, 반쯤 건넜을 때 이것을 치면 이로울 것이다.[4] 또 내 스스로 나아가 싸우려면 물을 너무 가까이 하여 적을 대하지 말 것이며, 조그만 언덕에 기대어 남향하고, 물의 하류(下流)에 진 치지 말 것이니 이것이 물가에 진 치는 군사요, 또 낮고 습한 곳을 만나거든 그저 빨리 지나 머물지 말고, 만일 거기서 적을 만나거든 반드시 풀숲과 우거진 나무들을 의지할 것이니, 이것이 낮고 습한 곳에 진 치는 군사요, 편편한 평지에 진 칠 때는 편리하고 쉬운 곳에 처하고, 높은 곳을 오른쪽이나 뒤로 하며,[5] 위태한 곳을 앞으로 안전한 곳을 뒤로 할 것이니, 이것이 평지에 진 치는 군사인 것이다.

무릇 이 네 가지 용병(用兵)의 이로움은 옛날 황제(黃帝)가 사방의 임금을 쳐 이긴 근원이 되었던 것이다. 대개 군사가 처하는 곳은 높은 곳을 좋다 하고 낮은 곳을 싫다 하며, 볕(남쪽)을 귀하다 하고 그늘(북쪽)을 꺼리는 것이니, 기운을 길러 충실히 준비하면, 그 군에는 아무런 장해가 없을 것이다. 이것을 일러 '반드시 이기는 군사'라 하는 것이다.

또 언덕과 둑에 진을 칠 때는, 반드시 그 남쪽에 자리잡아 그 높

---

3) '이것이 산에 가까이 진 치는 군사'라는 것은 상기 내용이 산악지대에서의 용병법(用兵法)이라는 것이다.

4) 적이 물을 건너기 전에 아군의 모습을 발견한다면 건너지 않을 것이기 때문에 적이 전진도 후퇴도 불가능한 중간지점까지 올 때를 기다려 공격하라는 것이다.

5) 안전한 곳을 오른쪽으로 하라는 것은 왼쪽보다 상대적으로 중요한 오른쪽을 보호하기 위함이고, 뒤로 하라는 것은 배후에서 공격받을 때는 대처가 어려워 치명적인 타격을 입을 수 있기 때문이다.

은 곳을 오른쪽이나 뒤로 할 것이니, 이것이 군사의 이익이요, 땅의 도움인 것이다. 만일 위에서 비가 내려 큰물이 질 때는, 반드시 그치기를 기다려 건너야 할 것이다. 대개 땅에는 여러 가지 형세가 있는 것이니 앞뒤가 험하고 막힌 가운데 물이 흐르는 곳도 있고, 사방에 높은 언덕이 둘러 복판이 꺼진 곳도 있고, 삼면이 막히고 일면이 트이어 겨우 길이 통한 곳도 있고, 초목이 매우 우거져 어두운 곳도 있는 것이니, 극히 낮은 진흙땅도 있고, 길이 높고 낮아 행군에 불편한 곳도 있으니, 이런 곳은 빨리 떠나 가까이하지 말 것이다. 내 그곳을 멀리하면 적이 가까이 따를 것이요, 내 그곳으로 나아가면 적이 또한 떠날 것이다.[6]

만일 진(陣) 곁에 험하고 막힌 곳이거나, 물이 넘쳐 흐르는 곳이거나, 풀이 무성한 늪이거나, 숲이 우거진 곳이 있으면 반드시 삼가 뒤져볼 것이니, 이런 곳은 복병(伏兵)이 엎드린 곳이기 때문이다.

적이 가까이 오면서 조용한 것은 그 땅의 험한 것을 믿음이요, 멀리 있어 싸움을 돋우는 것은 나를 끌고자 함이니, 그 있는 땅이 이로운 까닭이다. 또 나무숲이 흔들리는 것은 많은 군사가 오는 것이요, 우거진 풀숲에 많은 장애물을 놓아둔 것은 의심을 일으키고자 함이요, 새가 일어나는 것은 복병이 있음이요, 짐승이 놀라 달리는 것은 적이 진을 친 것이요, 티끌이 일어 한 길로 하늘로 오르는 것은 차(戰車)가 오는 것이요, 티끌이 나직이 퍼지는 것은 보병이 오는 것이요,[7] 많은 사람이 흩어져 있으나 질서 있게 움직이는 것은 나무 같은 것을 쳐서 진을 치려는 것이요, 적은 사람이 넓은

---

6) 이는 아군은 위험을 피해 가고 적은 위험을 가까이 향해 가게 만들어야 한다는 뜻이다.

7) 차는 속력이 빠르고 대열이 적기 때문에 먼지가 높고 날카로우며, 보병 대열은 느리고 대오가 크기 때문에 먼지가 넓게 퍼져 오르는 것이다.

곳을 오가는 것은 주둔(駐屯)하려는 준비인 것이다.

그의 말이 겉으로 공손하면서 안으로 더욱 준비하는 것은 장차 치려는 것이요, 그의 말이 거칠고 굳세어 곧 싸울 듯하는 것은 꽁무니를 빼려는 것이요, 가벼운 차(輕車)가 나와 그 곁을 오가는 것은 진터를 잡으려는 것이요, 특별한 약속도 없이 화(和)를 청하는 것은 꾀를 쓰려는 것이요, 분주히 차를 벌려놓는 것은 무슨 계획이 있음이요, 반쯤 나아왔다 반쯤 물러갔다 하는 것은 꾐인 것이다.

지팡이를 짚고 서 있는 것은 굶주림이요, 물을 길어 다투어 마시는 것은 목마름이요, 이로운 것을 보고도 나아오지 않는 것은 피로함이요, 새가 모여드는 것은 진을 옮긴 것이요, 밤에 서로 부르는 것은 두려워함인 것이다.

군사가 어지러운 것은 장수의 위엄이 없음이요, 깃발이 함부로 움직이는 것은 문란함이요, 장교가 자주 성내는 것은 군사가 게으름이요, 말을 죽여 잡아먹는 것은 식량이 없기 때문이요, 밥그릇을 메고 다시는 그 막사에 돌아오지 않겠다는 군사는 궁해빠진 것이요, 서로 모여 무어라 수군거리며 무슨 불평도 말하고 또 그것을 위로도 하며, 남 몰래 이야기를 하는 것은 그 장군이 부하의 신망을 잃음이요, 자주 그 부하에게 상주는 것은 그 장수가 약함이요, 또 자주 벌주는 것은 그 장수가 곤란함이요,[8] 처음에 사납다가 나중에 병졸들을 두려워하는 것은 그 장수가 아주 못남이요, 또 사람을 보내어 친절히 구는 것은 시간을 얻어 쉬고자 함이요, 성내어

---

8) 장수가 병졸에게 자주 상벌을 주는 것은 부대가 군율(軍律)에 의해 제대로 통솔되지 않기 때문이다. 상과 벌은 부대 통솔을 위한 임시적인 방편이 될지는 모르지만 전쟁 수행을 위한 강한 구심력이 되지는 못한다. 장수에 대한 신뢰와 엄정한 규율이 전쟁을 성공적으로 수행하게 하는 내적 동력이 될 수 있는 것이다.

나왔다가 싸우려는 기색도 없고 또 물러가려고도 하지 않는 것, …… 이런 것은 반드시 삼가 살펴야 할 것이다.

　군사는 수 많은 것이 제일이 아닌 것이다. 그러므로 다만 수의 세력만 믿고 나아가지 말 것이니, 오직 힘을 합하고 적을 잘 살피면 족히 이길 수 있을 것이다. 함부로 덤비어 적을 가벼이 여기는 사람은 반드시 사로잡히게 될 것이다.

　부하가 아직 정들기 전에 심히 벌주면 심복(心腹)하지 않을 것이니, 심복하지 않으면 곧 쓰기 어려울 것이요, 사졸(士卒)이 이미 정들어 따르지마는 잘못이 있어도 벌주지 않으면, 이는 곧 쓸데가 없을 것이다. 그러므로 부하를 부릴 때는 사랑으로 할 것이요, 부하를 바로잡을 때는 위엄으로 할 것이니, 이것을 일러 '반드시 승리를 얻는다' 하는 것이다. 평소에 명령이 잘 행해져 그로써 부하를 가르치면 부하가 곧 좇을 것이요, 평소에 명령이 행해지지 않아 그로써 부하를 가르치면 부하가 곧 따르지 않을 것이니, 명령은 본래 미덥고 착실하여야 부하의 마음을 얻을 수 있다 할 것이다.

第九　行軍篇

　　孫子曰　凡處軍相敵　絶[1]山依谷　視生處高[2]　戰隆無登　此處山之軍也　絶水必遠水　客[3]絶水而來　勿迎之於水內　令半濟而擊之利　欲戰者　無附於水而迎客　視生處高　無迎水流　此處水上之軍也　絶斥澤　惟亟去無留　若交軍於斥澤之中　必依水草　而背衆樹　此處斥澤之軍也　平陸處易　而右背高　前死後生　此處平陸之軍也　凡此四軍之利　黃帝之所以勝四帝也　凡軍喜高而惡下　貴陽而賤陰　養生而處實　軍無百疾　是謂必勝

　　邱陵堤防　必處其陽　而右背之　此兵之利　地之助也　上雨水沫至　欲涉者　待其定也　凡地有絶澗[4]　天井[5]　天牢[6]　天羅[7]　天陷[8]　天隙[9]　必亟去之　勿近也　吾遠之　敵近之　吾迎之　敵背之　軍旁　有險阻潢井生葭葦山林蘙薈　必謹覆索之　此伏姦之所藏處也

　　敵近而靜者　恃其險也　遠而挑戰者　欲人之進也　其所居者易　利也　衆樹動者　來也　衆草多障者　疑也　鳥起者伏也　獸駭者覆也　塵高而銳者　車來也　卑而廣者　徒來也　散而條達者　樵採也　少而往來者　營軍也　辭卑而益備者進也　辭詭而強　進驅者退也　輕車先出居其側者　陳也　無約而請和者　謀也　奔走而陳兵車者　期也　半進半退者　誘也　倚杖而立者　飢也　汲而先飲者　渴也　見利而不進者　勞也　鳥集者虛也　夜呼者恐也　軍擾者將不重也　旌旗動者亂也　吏怒者倦也　粟馬肉食者　軍無縣瓿　不返其舍者　窮寇也　諄諄翕翕[10]　徐言入入[11]者　失衆也　數賞者窘也　數罰者困也　先暴而後畏其衆者　不精之至也　來委謝者　欲休息也　兵怒而相迎　久而不合　又不相去　必謹察之　兵非益多也　惟無武進　足以併力料敵　取人而已　夫惟無慮而易敵者　必擒於人　卒未親附　而罰之則不服　不服則難用也　卒已親附　而罰不行　則不可用也　故令之以文[12]　齊之以武　是謂必取　令素行以敎其民　則民服　令不素行　以敎其民　則民不服

令素信 著者與衆相得也

  1) 절(絶) : 넘다, 지나다는 뜻으로 월(越)과 같은 뜻.

  2) 시생처고(視生處高) : 시계는 트이고(生) 위치는 높은 곳에 진을 쳐라.

  3) 객(客) : 적(敵)과 같은 뜻.

  4) 절간(絶澗) : 절벽으로 둘러싸인 계곡.

  5) 천정(天井) : 천연의 우물같이 깊고 사방이 험한 산으로 둘러싸인 곳.

  6) 천뢰(天牢) : 천연의 감옥같이 출입이 곤란한 곳.

  7) 천라(天羅) : 천연의 그물 같은 곳으로 들어가면 나올 수 없는 곳.

  8) 천함(天陷) : 천연의 함정으로 천라와 같은 곳.

  9) 천극(天隙) : 극(隙)은 기둥과 벽 사이에 생기는 틈으로, 천극은 길이 좁고 위태로운 곳.

  10) 순순흡흡(諄諄翕翕) : 순순(諄諄)은 한 가지를 반복한다는 뜻이고, 흡흡(翕翕)은 남과 마음이 맞아 영합하는 모습을 가리킴.

  11) 서언입입(徐言入入) : 이본(異本)에는 서여인언(徐與人言)으로 되어 있음. 입입(入入)은 천천히 이야기하는 모습.

  12) 문(文) : 덕(德)과 예절, 또는 인(仁)을 뜻하는 말로 무(武)와 대조적인 의미.

10. 지형편(地形篇)[1]

이 편은 주로 전쟁에 있어서 지리(地利)의 중요성을 논한 것으로서, 지형에 따른 용병법을 기술하고 있다.

　손자(孫子) 이르기를, 지형에는 통(通)이라 하여 길이 사방으로 통한 곳도 있고, 괘(挂)라 하여 길이 매우 곤란한 곳도 있고, 지(支)라 하여 피차가 서로 버티고 있을 수밖에 없는 곳도 있고, 애(隘)라 하여 두 산 사이에 끼어 매우 좁은 곳도 있고, 험(險)이라 하여 거리가 매우 험하여 지키면 부술 수 없는 곳도 있고, 원(遠)이라 하여 거리가 매우 먼 곳도 있는 것이다.
　나도 갈 수 있고 적도 올 수 있는 곳을 '통'이라 하는 것이니, 이

---

1) 본편에는 여섯 가지 유형의 지형과 각 지형에 맞는 전술, 여섯 가지 패인의 요소, 그리고 장수의 책임과 역할 등이 정리되어 있다.

런 곳에서는 먼저 조금 높은 곳에 자리를 잡아 남으로 향해 진을 치고, 양식길을 편리하게 하여 싸우면 이로울 것이요, 다음에는 갈 수는 있으나 오기는 어려운 곳을 '괘'라 하는 것이니,[2] 이런 곳에서는 적이 준비가 없으면 나아가서 이기고 적이 준비가 있으면 나아가서 이기지 못하고 또 돌아오기 어려울 것이니, 이롭지 못할 것이요, 다음에는 내가 나아가도 이롭지 못하고 적이 나와도 이롭지 못한 곳을 '지'라 하는 것이니,[3] 이런 곳에서는 적이 비록 이익을 보이나 함부로 나가지 말고, 군사를 이끌고 물러나와 적으로 하여금 반쯤 나오게 하여 치면 이로울 것이요, 다음에 '애'란 곳에서는 내가 먼저 점령하여 실력을 충실히 한 후에 적을 기다릴 것이요, 만일 적이 먼저 점령하여 그 실력이 충실하면 따르지 말라. 그리고 그 실력이 충실하지 못하거든 나아가 칠 것이며,[4] 다음에 '험'이란 곳에서는 내가 먼저 점령하여 조금 높은 곳에 기대고 남향하여 적을 기다리라. 만일 적이 먼저 점령하였거든 물러가 따르지 말 것이요, '원'이란 곳에서는 형세가 같으면 싸움을 돋우기 어려울 것이니, 싸워도 이롭지 못할 것이다.

무릇 이 여섯은 땅의 요긴한 조건이요, 장(將)으로서 중요한 임

---

2) 괘형(挂形)이란 갈 수는 있지만 돌아오기는 어려운 지형으로 매달아 놓은 듯한 경사지를 말한다. 이러한 곳은 적이 준비되지 않았을 때는 승세를 잡을 수 있지만 적이 대비하고 있을 때는 철수하기가 어려워 치명적인 타격을 입을 수 있다.

3) 지형(支形)이란 전략적 요충지로서, 피아(彼我)가 모두 노리고 경계하는 지형이다. 섣불리 작전을 감행하면 양측 모두가 큰 피해를 입을 수 있는 지역으로 전투 개시에 신중을 기해야 하는 곳이다.

4) 애형(隘形)이란 두 산 사이에 끼어 있고 매우 좁은 통로를 갖춘, 방어와 수비에 매우 유리하고 공격하기에는 어려운 곳으로, 소수의 병력으로도 좁은 출입구를 지킬 수 있고 다수의 적을 상대할 수 있는 지형이다.

무라. 자세히 살펴야 할 것이다.

그러므로 전쟁에는 주(走)라 하여 패하여 달아나는 일도 있고, 이(弛)라 하여 군의 기운이 풀리는 일도 있고, 함(陷)이라 하여 반드시 패하는 일도 있고, 붕(崩)이라 하여 전체가 무너져 수습할 수 없는 일도 있고, 난(亂)이라 하여 어지러워 통일이 없는 일도 있고, 배(北)라 하여 적을 등지고 달아나는 일도 있는 것이니, 이 여섯은 하늘이 주는 화가 아니요, 장(將)의 허물인 것이다.

전체의 실력은 같으면서 내 실력이 흩어져 1로써 10을 치는 것을 '주(走)'[5]라 하고, 사졸(士卒)이 강하고 장교가 약한 것을 '이(弛)'[6]라 하고, 사졸은 약하고 장교가 강한 것을 '함(陷)'[7]이라 하고, 고급장교가 장수에 대한 불평이 있어 복종하지 않고, 적을 만나면 함부로 성을 내어 나아가 스스로 싸우나, 장(將)이 그 각자의 능력을 분별하지 못하는 것을 '붕(崩)'[8]이라 하고, 장수가 약하여 위엄이

---

5) 주(走)는 아군이 적군보다 수적으로 압도적인 열세 상태라 도저히 전투를 벌일 수 없음을 뜻한다. 「모공편」에서 손자는 아군이 적군의 10배면 성을 에워싸서 공격할 수 있다고 설명한 바 있다. 전력이 비슷해도 아군이 적군의 10분의 1 정도의 병력이라면 달아날 수밖에 없다는 것이다.

6) 이(弛)는 병사들은 강한데 이들을 지휘하는 장교가 허약해서 군의 기강과 규율이 해이한 상태를 말한다.

7) 함(陷)은 이(弛)와 대조되는 경우로 장교들은 강하고 병사들의 전력은 약한 상태를 말한다. 위가 무겁고 그 기반이 약할 때는 함몰하게 된다. 아무리 좋은 계획과 전술을 가지고 있어도 그것을 일선에서 실행할 병사들이 약하면 승리를 거두는 일은 불가능한 것이다.

8) 붕(崩)은 산사태가 나서 흙이 무너지는 것처럼 군의 질서가 위에서부터 허물어져내리는 것을 말한다. 장수와 장교들 사이에 기강과 믿음이 없어서 명령과 복종이 이루어지지 않는데 군이 붕괴되지 않는 것은 오히려 비정상적인 일이다.

없고 명령하는 방법이 밝지 못하여 부하가 어지럽게 진을 치되 마음대로 함부로 하는 것을 '난(亂)'[9]이라 하고, 장수가 적의 실력을 살피지 못하여 적은 군사로 많은 군사와 맞서게 하며, 약한 군사로써 강한 군사를 치게 하여, 군사의 기운이 꺾인 것을 '배(北)'[10]라 하는 것이다.

이 여섯은 패하는 길이요, 장수의 큰 책임이라. 자세히 살피지 않으면 안 될 것이다.

대개 지형은 군사의 도움이라. 적을 살피어 승리를 거두고, 지형의 험하고 좁음과 멀고 가까움을 밝게 살피는 것은 훌륭한 장수의 자세인 것이다. 이것을 알고 싸우면 반드시 이길 것이요, 이것을 모르고 싸우면 반드시 패할 것이니, 그러므로 그 싸움의 형편이 반드시 이길 수 있으면 임금이 싸우지 말라 해도 반드시 싸움이 옳고, 싸움의 형편이 이길 수 없으면 임금이 기어이 싸우라 해도 싸우지 않음이 옳은 것이다. 그러므로 나아가 이름을 구하지 않고, 물러나 죄를 피하지 않으며, 오직 백성을 편안케 하여 그 이익을 임금에게 돌리면, 그것은 나라의 보배인 것이다.[11]

사졸(士卒) 보기를 어린아기같이 하는지라, 그러므로 그 사졸들

---

9) 난(亂)은 장수의 의지가 약하여 위엄이 없고 군대 운용의 원칙이 부재하며 전투에서는 체계를 갖추지 못한 어지러운 상태를 말한다.
10) 배(北)는 전력이 열등한 군이 싸움에서 패하여 도망하는 경우를 말한다. 주(走)가 압도적인 수의 열세로 싸우기 전에 달아나는 것이라면 배(北)는 장수가 미리 피아(彼我)의 전력을 헤아리지 못하고 싸움에 임하여 패배하는 상태를 가리킨다.
11) 군의 진퇴를 자신의 명성을 위해서 하지 않고, 소신의 결과에 대한 책임과 처벌을 두려워하지 않으며, 오로지 백성을 편하게 하고, 군의 이로움을 위해 진력하는 장수는 나라의 보배와 같은 존재이다.

은 장군과 함께 깊은 골짝을 달리고, 사졸 보기를 아들같이 하는지라. 그러므로 그 사졸들은 장군과 함께 죽기를 같이하는 것이다.

그러나 사졸을 생각하면서 마음대로 부리지 못하고, 사랑하면서 명령하지 못하며, 어지러워도 다스리지 못하면, 이는 마치 방자(放恣)한 자식과 같아서 쓸 수가 없는 것이다. 또 내 사졸의 칠 수 있는 힘만 알고 적이 나를 칠 수 없음을 모르는 것은 반쪽의 승리요, 적이 나를 칠 수 있음을 알고 내 사졸이 적을 칠 수 없음을 모르는 것도 반쪽의 승리요, 적의 약함을 알고 내 군사의 칠 수 있는 힘을 알면서, 그 지형이 싸울 수 없는 곳임을 모르는 것도 반쪽의 승리인 것이다.

그러므로 승부를 밝게 아는 사람은 군사를 내어 주저하지 않고, 싸움에 임해서 궁(窮)하지 않을 것이다. 그러므로 이르기를 '남을 알고 나를 알면 승리가 위태롭지 않고, 땅을 알고 하늘을 알면 승리가 완전하다' 하는 것이다.

第十　地形篇

　孫子曰　地形有通者　有挂者　有支者　有隘者　有險者　有遠者　我可以往　彼可以來　曰通　通形¹⁾者　先居高陽　利糧道　以戰則利　可以往難以返　曰挂　挂形²⁾者　敵無備　出而勝之　敵若有備　出而不勝　難以返不利　我出而不利　彼出而不利　曰支　支形³⁾者　敵雖利我　我無出也　引而去之　令敵半出　而擊之利　隘形⁴⁾者　我先居之　必盈之以待敵　若敵先居之　盈而勿從　不盈而從之　險形⁵⁾者　我先居之　必居高陽　以待敵　若敵先居之　引而去之　勿從也　遠形⁶⁾者　勢均難以挑戰　戰而不利　凡此六者　地之道也　將之至任　不可不察也

　故兵有走者　有弛者　有陷者　有崩者　有亂者　有北者　凡此六者　非天之災　將之過也　夫勢均　以一擊十曰走　卒强吏⁷⁾弱曰弛　吏强卒弱曰陷　大吏怒也不服　遇敵懟而自戰　將不知其能曰崩　將弱不嚴　敎道不明　吏卒無常　陳兵縱橫曰亂　將不能料敵　以少合衆　以弱擊强　兵無變鋒曰北　凡此六者　敗之道也　將之至任　不可不察也

　夫地形者　兵之助也　料敵制勝　計險阨⁸⁾遠近　上將⁹⁾之道也　知此而用戰者必勝　不知此而用戰者必敗　故戰道必勝　主曰無戰　必戰可也　戰道不勝　主曰必戰　無戰可也　故進不求名　退不避罪　惟民是保　而利合於主　國之寶也　視卒如嬰兒　故可與之赴深谿　視卒如愛子　故可與俱死　厚而不能使　愛而不能令　亂而不能治　譬與驕子　不可用也　知吾卒之可以擊　而不知敵之不可擊　勝之半也　知敵之可擊　而不知吾卒之不可以擊　勝之半也　知敵之可擊　知吾卒之可以擊　而不知地形之不可以戰　勝之半也　故知兵者　動而不迷　擧之不窮　故曰　知彼知己　勝乃不殆　知地知天　勝乃可全

1) 통형(通形) : 사방이 트여 있고 교통이 편리하며 아군과 적군이 모두 진치고 작전(作戰)할 수 있는 지형.

　2) 괘형(挂形) : 매달아놓은 듯한 경사지나 적군이 배후와 좌우를 둘러싸고 전면이 평지인 지형으로, 들어가면 통로가 없어서 나오기 힘든 곳.

　3) 지형(支形) : 아군이 나아가도 불리하고 적군이 나아가도 불리한 지형으로, 양군이 대치하고 있는 중간 지점 같은 곳. 참고적으로 지(支)는 맞서서 버틴다는 뜻.

　4) 애형(隘形) : 산과 절벽으로 둘러싸여 있고 출입구가 비좁은 지형.

　5) 험형(險形) : 산세가 험하여 천연적 요새라 할 수 있는 지형.

　6) 원형(遠形) : 양군의 진지에서 거리가 너무 멀고 그로 인한 장거리 행군과 보급 수송의 어려움 등으로 서로 공격하기 불리한 지형.

　7) 이(吏) : 군대(편제 단위 부대)의 책임을 맡은 일반 장교.

　8) 험액(險阨) : 험하고 좁은 지형.

　9) 상장(上將) : 여기서는 대열의 전후(前後)를 지휘하는 상장군(上將軍)이 아니라 훌륭한 장수라는 뜻으로 사용되었음.

11. 구지편(九地篇)[1]

이 편은 싸움에 있어서 땅을 선택하는 아홉 가지의 조건을 설명하고, 한편으로는 군사로 하여금 죽음을 각오하고 어려움을 무릅써 적에게 나아가게 하는 방법을 논한 것이다.

손자(孫子) 이르기를, 군사를 쓰는 법에 있어서 아홉 가지 지형이 있으니, 첫째는 산지(散地)라 하여 어떻게 싸워야 좋을지 모를 곳이요, 둘째는 경지(輕地)라 하여 적국의 국경에서 머물러 있는 곳이요, 셋째는 쟁지(爭地)라 하여 싸울 수 있는 곳, 또는 싸우기에 따라 이길 수 있는 곳이요, 넷째는 교지(交地)라 하여 길이 사방으

---

1) 구지(九地)는 아홉 종류의 땅을 말한다. 지(地)에 관해서는 「행군편」과 「지형편」에서도 설명한 바 있다. 그러나 앞에서 설명한 지(地)가 자연형상(산악지대, 분지, 하천 등)이나 지형(地形 : 通形・支形・險形・隘形・遠形)을 기준으로 한 구분이라면 본편은 대체로 아군과 적군이 놓여 있는 상황을 근거로 한 구분이라서 지(地)의 성격이 서로 다르다고 할 수 있다.

로 트여 있는 곳, 또는 피차에 모두 편리한 곳이요, 다섯째는 구지(衢地)라 하여 주위의 여러 나라와의 관계가 귀찮은 곳이요, 여섯째는 중지(重地)라 하여 적의 국경에서 깊이 들어간 곳이요, 일곱째는 비지(圮地)라 하여 주위가 험하고 막힌 곳이요, 여덟째는 위지(圍地)라 하여 사방이 산으로 둘러싸인 곳이요, 아홉째는 사지(死地)라 하여 잘못하면 전멸할 곳이다.

제후들이 자기 나라에서 적과 싸우는 곳을 '산지'[2]라 하고, 적국에 들어가나 깊이 들어가지 않은 곳을 '경지'[3]라 하고, 내가 가져도 이롭고 적이 가져도 이로운 곳을 '쟁지'[4]라 하고, 나도 갈 수 있고 적도 올 수 있는 곳을 '교지'[5]라 하고, 제후(諸侯)의 나라가 삼면(三面)에 있어서 내 먼저 가면 그들을 얻을 수 있는 곳을 '구지'[6]라 하고, 적의 땅에 깊이 들어가서 그의 성읍(城邑)을 많이 등

---

2) 제후가 직접 전쟁에 참여하고 자국의 영토에서 싸우는 경우는 상당히 위험한 상황이면서 군사들의 마음까지도 산란하게 한다. 연고가 있는 자국 영토 내에서의 전쟁은 전투 이외에 부담요소가 많기 때문에 원활한 작전 수행을 어렵게 한다.

3) 국경선 근처에서 전투가 벌어졌을 경우에는 군사들이 고향 소식으로 동요하기 쉽고 도망할 가능성이 있기 때문에 전력의 집중을 기하기 어렵다.

4) 선점한 측에게 유리한 곳으로 전략적 요충지이다.

5) 피아(彼我) 모두 작전을 세우기가 좋고 교통이 편리한 평지로 공격 · 수비에 특별히 도움이 될 만한 지형지물이 없는 경우를 말한다. 보급 수송로를 확보하는 것이 관건이다.

6) 구지(衢地)는 아국과 적과 제3국 사이에 접경하고 있는 지역으로 세 나라 모두에게 중요한 땅이다. 따라서 이 땅을 확보한다면 그 지역을 통과해야 하는 모든 사람들(적과 제3국 등)을 얻을 수 있게 된다. 따라서 구지(衢地)를 선점하고 유지하기 위해서는 전쟁 당사자는 아니지만 이해관계가 있는 제3국과의 외교에 많은 관심을 기울여야 한다.

진 곳을 '중지'[7]라 하고, 산림이 우거지고 늪이 막히어 가기 어려운 길을 가는 곳을 '비지'[8]라 하고, 들어가는 곳은 비좁고 나오는 길은 멀어, 적의 적은 군사로써 나의 많은 군사를 칠 수 있는 곳을 '위지'[9]라 하고, 빨리 싸우면 겨우 면하고 어정거리면 망하는 곳을 '사지'[10]라 하는 것이다.

그러므로 '산지'에서는 싸우지 말고, '경지'에서는 머물지 말며, '쟁지'에서는 치지 말고, '교지'에서는 연락을 끊지 말며, '구지'에서는 이웃과 사귀고, '중지'에서는 노략질하며, '비지'에서는 지나가고, '위지'에서는 벗어날 꾀를 쓰며, '사지'에서는 죽기로 싸워야 할 것이다.

이른바 옛날의 전쟁에 능한 사람은 적으로 하여금 앞뒤를 생각할 여유를 주지 않고, 많은 군사와 적은 군사가 서로 힘입지 못하게 하며, 장이나 사졸이 서로 구원하지 못하게 하고, 위아래가 서로 돕지 못하게 하며, 그 군사가 흩어져 모이지 못하게 하고, 군사가 모여도 어지럽게 하며, 그리하여 이로우면 움직이고, 이롭지 않으면 그치는 것이다. 그러면 만일 생각지 않은 사이에 적이 충실한

---

7) 경지(輕地)와 대조되는 상황으로, 아군의 지원과 원조가 어렵고 의지할 대상이 없기 때문에 필사의 작전이 필요한 곳이다. 따라서 이 원정군(遠征軍)이 살 길은 전투에 필요한 모든 물자를 현지에서 노략질을 통해 확보하는 방법밖에 없다.

8) 험난한 산악지대나 습지 등 행군하기 곤란한 지역은 빨리 지나는 것이 상책이다.

9) 애형(隘形,「지형편」참조)과 같은 곳으로, 소수의 적군이 지키더라도 방어벽을 제거하기가 쉽지 않은 지역이다.

10) 빨리 결전하지 않으면 꼼짝없이 패망하게 될 상황으로 필사의 선두를 감행해야 할 지(地)이다.

준비로 쳐들어올 때는 어찌하면 좋을까? 내 이르노니, 먼저 그의 가지고자 하는 것을 빼앗으면 될 것이다.[11] 군사를 쓰는 법은 빠른 것을 주(主)로 할 것이니, 그의 미치지 못한 틈을 타고, 그의 생각지 못한 곳으로 나가며, 그의 경계하지 못한 곳을 치는 데 있는 것이다.

그러므로 대개 적국을 먼저 쳐들어갈 때는 아무 걸림이 없어 깊이 들어가면, 이미 우리 군사는 하나가 되고 용기를 얻어, 적이 이미 막을 수 없을 것이다. 곡식이 풍성한 들을 빼앗아 우리 군사의 식량은 넉넉할 것이니, 이에 군사를 쉬게 하여 괴롭히지 말고, 기운을 기르고 힘을 쌓으며, 군사를 지휘할 때는 깊이 꾀를 써서 적으로 하여금 헤아릴 수 없게 하고, 그리하여 우리 군사를 다시 어떻게 할 수 없는 경우에 처하게 하면, 죽기로 싸워 달아나지 않을 것이니, 어찌 죽음을 겁낼 것이며 힘을 아낄 것인가!

군사는 이미 위험한 땅에 빠지면 두려워하지 않고, 달아날 곳이 없으면 단결하며, 깊이 들어가면 한 뭉치가 되고, 할 수 없으면 싸우는 것이다. 그러므로 벌써 그 군사는 다스리지 않아도 서로 조심하고, 요구하지 않아도 스스로 나아가며, 시키지 않아도 서로 친하고, 명령하지 않아도 서로 믿으며, 미신(迷信)을 금하고 의심을 버려, 죽음에 이르기까지 갈 곳이 없을 것이다.[12]

---

11) 자국의 영토를 침입한 적(원정군)에게 가장 필요한 것은 식량과 보급로 확보일 것이다. 내습한 적에 대한 반격은 적에게 가장 긴요한 것을 차단하는 것에서 시작해야 한다.

12) 손자는 「군형편」의 결론에서 '이기는 군사의 싸움이라는 것은 마치 막아둔 물을 천길 골짝에 터놓는 것 같은 형상'이라고 용병술(用兵術)의 핵심을 정리한 바 있다. '힘이 움직이는 기세'를 의도한 형상(전술)대로, 즉 세(勢)를 그렇게 할 수밖에 없도록 만드는 것이 손자의 용병술이다. 이는 군사들이 장수의 전략이나 전술을 알지 못하면서도 그 전술의 흐름 속

처음부터 우리 군사에게는 남은 재산이 없었으니 재물을 미워함이 아니었고, 남은 목숨이 없었으니 살기를 미워함이 아니었다. 처음 영(令)이 내리는 날, 사졸 중에 앉은 이는 그 눈물이 옷깃을 적시었고, 누운 이는 그 눈물이 턱을 적시었으니, 이리하여 이들을 갈 곳이 없는 곳에 던지면 제귀(諸劌 : 옛날 오吳의 전제專諸와 노魯의 조귀曹劌니, 모두 유명한 용자)의 용맹인 것이다.[13]

그러므로 군사를 잘 쓰는 사람은 마치 솔연(率然 : 미리 준비 없어도 언제든지 그때그때에 따라 변화하는 것)과 같으니 솔연이란 '상산(常山)의 뱀'이다. 그 머리를 치면 그 꼬리가 오고, 그 꼬리를 치면 그 머리가 오며, 그 몸뚱이를 치면 머리와 꼬리가 함께 오는 것이다.[14] 그러면 군사를 '솔연'처럼 시킬 수 있겠는가? 내 이르노니, '할 수 있노라'. 대개 오인(吳人)과 월인(越人)은 서로 적이라 미워하는 사이지마는 한 배를 타고 같이 가다가 만일 풍파(風波)를 만나면 서로 구원하기가 마치 좌우(左右)의 손과 같을 것이니,[15] 그

에 있을 수밖에 없도록 만드는 것이다. 결국 용병술이란 물길(兵勢)을 만들고 조정하는 기술이자 방법인 것이다.

13) 제귀(諸劌)는 두 사람의 이름으로 제(諸)는 전제(專諸), 귀(劌)는 조귀(曹劌)를 일컫는다. 전제는 춘추시대 오(吳)나라 공자(公子) 광(光)을 위해 자객이 되어 오왕(吳王) 요(僚)를 암살하고 자신도 피살된 사람. 조귀는 노(魯)나라 장공(莊公)의 장군이 된 자로 노나라가 제(齊)의 침공을 받고 패전하여 영토의 일부를 할양하기 위한 강화조약을 체결하자 회담 장소에서 제나라 환공(桓公)을 비수로 위협하고 죽음을 무릅쓴 담판을 통해 영토를 반환받은 인물. 벗어날 길 없는 곳에 투입된 군사는 제귀(諸劌)와 같이 용맹하게 싸우게 된다는 것이다.

14) 솔연(率然)은 매우 빠르고 민첩한 전설 속의 큰 뱀으로 머리를 치면 꼬리가 반격해오고 꼬리를 치면 머리가 습격해오고 가운데를 치면 머리와 꼬리가 양쪽에서 공격하는, 상산(常山)에 산다는 뱀이다.

러므로 '말(馬)을 묶고 수레를 묻는다'(다시 싸움을 일으키지 않겠다는 맹세) 하더라도 족히 믿을 것이 못 되는 것이다.

여러 용맹을 하나처럼 같게 하는 것은 장수의 길이요, 굳세고 부드러움이 각기 제자리를 얻게 하는 것은 땅의 이치인 것이다. 그러므로 군사를 잘 쓰는 사람은 많은 군사가 한 사람인 듯 손을 맞잡고 나아가게 하는 것이니, 이것은 그들로 하여금 그렇게 하지 않을 수 없게 하였기 때문인 것이다.

장수의 할 일은 고요하고 그윽하며, 바르고 법도 있어, 사졸의 귀와 눈을 어리석게 하여 그것을 알지 못하게 하는 것이니, 그 일을 바꾸고 꾀를 고치어도 군사로 하여금 알지 못하게 하고, 그 자리를 갈고 길을 둘러도 군사로 하여금 걱정하지 않게 하는 것이다.

또 장수가 사졸과 약속한 것은 마치 높은 데 올려놓고 사다리를 떼어버리는 것과 같은 것이니, 그러므로 장수가 그들을 거느리고 적의 땅에 깊이 들어가, 그 기회를 따라 군사를 낼 때, 타고 간 배를 살라버리고 솥을 부수기도 하며, 또 양떼를 몰고 오가는 듯하여도 어떻게 되는 줄을 모르게 하나니, 삼군(三軍)의 군사를 모아 위험한 땅에 던지는 것도 이 또한 장수의 일이다.

그리하여 아홉 가지 땅의 변화와, 나아가고 물러나는 이익과, 사람의 정(情)의 이치를 장수는 자세히 살펴야 하는 것이다.

무릇 적국에 들어감에 있어서 깊이 들어가면 힘을 하나로 할 수 있고 조금 들어가면 힘이 흩어질 것이니, 내 나라를 떠나 국경을

---

15) 적대국인 오(吳)와 월(越)이 위태로운 상황에서 함께 힘을 모으는 것(吳越同舟)처럼 그렇게 하지 않을 수 없는 상황을 만듦으로써 솔연과 같은 형상과 세(勢)를 이룰 수 있는 것이다.

넘어 싸우는 곳은 '절지(絶地)'라 하여 본국과 연락이 끊어진 곳이요,[16] 사방으로 길이 통한 곳은 '구지(衢地)'요, 적국에 깊이 들어간 곳은 '중지(重地)'요, 적국에 조금 들어간 곳은 '경지(輕地)'요, 뒤에는 높은 산이 있고 앞이 좁은 곳은 '위지(圍地)'요, 사방으로 나갈 길이 없는 곳은 '사지(死地)'라 하는 것이다.

그러므로 '산지'에서는 내 사졸의 뜻을 하나로 하기에 힘쓸 것이요, '경지'에서는 내 사졸들의 연락에 힘쓸 것이요, '쟁지'에서는 내 앞뒤의 부대가 빨리 모이기에 힘쓸 것이요, '교지'에서는 굳게 지키기에 힘쓸 것이요, '구지'에서는 내 이웃나라와 굳게 맺을 것이요, '중지'에서는 내 식량을 대기에 힘쓸 것이요, '비지'에서는 내 길을 빨리 나아가기에 힘쓸 것이요, '위지'에서는 내 트인 곳을 막기에 힘쓸 것이요, '사지'에서는 내 사졸에게 살 길이 없음을 보이기에 힘써야 할 것이다.

그러므로 군사들의 인정(人情)으로는, 적에게 에워싸이면 곧 막고, 할 수 없으면 싸우고, 극히 위험하면 따르는 것이다.

모든 제후(諸侯)들의 꾀를 모르면 미리 사귈 수 없고, 산림(山林)의 험한 것과 늪들의 함몰한 곳을 모르면 군사를 낼 수 없고, 길잡이를 쓰지 않으면 땅의 이익을 얻지 못할 것이니, 이 가운데서 한 가지만 몰라도 패왕(霸王 : 힘과 덕으로 나라를 다스리는 임금)의 군사가 될 수 없을 것이다.

대개 패왕의 군사가 비록 대국이라도 갑자기 치면 적이 그 군사를 모을 수 없고, 세력이 필적한 적을 위엄으로 누르면 적은 그 이

---

16) 여기에서 절지(絶地)는 구지(衢地)·중지(重地)·경지(輕地)·위지(圍地)·사지(死地)를 포함하는 개념으로 본국의 국경을 넘은 원정군의 상황을 총칭한다.

웃과 사귈 수 없을 것이다. 그러므로 적과 외교(外交)를 다투지 않고[17], 적의 권세를 기르지 않으며, 자기를 마음껏 뻗어 그 위엄이 적을 억누르게 할 것이니, 그러므로 그 성(城)을 빼앗을 수 있고, 그 나라를 부술 수 있는 것이다.

법이 없이도 상을 주고, 규칙이 없이도 명령을 내리되 삼군을 움직이기를 한 사람같이 할 수 있으니,[18] 그들을 움직임에 사실로써 하고, 말로써 까닭을 이르지 말며 그들을 움직임에 이(利)로써 하되 해로움은 말하지 말 것이다. 그리하여 그들을 망할 땅에 던진 뒤에 비로소 온전하게 하고, 죽을 땅에 빠뜨린 뒤에 비로소 살리는 것이다.

대개 군사는 위험한 땅에 들어가서야 비로소 승부를 생각하는 것이니, 그러므로 승리를 얻으려면 적의 뜻을 살펴 그에 따라 조치해야 하는 것이다. 적을 향하여 죽기로 나아가면 천리를 가서라도 그 장수를 죽일 수 있는 것이다. 이것을 일러 '묘하게 일을 이루는 사람'이라 하는 것이다.

그러므로 군사를 일으키는 날에는 먼저 국경을 막아 통행을 금하여 적의 사자(使者)를 들어오지 못하게 하고, 정부를 격려하여 후원을 얻으며, 적의 간첩(間諜)은 곧 받아들여 이것을 이용하고, 적이 하고자 하는 바를 먼저 알아 가만히 거기에 준비하고, 군기(軍紀)

---

17) 적과 외교를 다투지 않는다는 것은 이미 외교에 선수를 침으로써 외교적 승리를 확보한 상태에서 싸움에 임하라는 것이다.
18) 용병술(用兵術)에서 정공(正攻)과 기공(奇攻)의 조화를 강조했던 손자는 포상에 있어서도 비정기적인 포상의 필요성을 역설하고 있다. 정기적이고 일시적 행사에만 그치는 포상은 수상자들에게는 마땅히 받아야 할 것을 받는다는 생각을 갖게 하고 비수상자들에게는 불평·불만을 느끼게 함으로써 군의 사기진작이라는 포상의 본래 목적을 퇴색하게 한다.

를 따라 적에게 나아가면 이는 곧 싸움이 시작되는 것이다.

   그러므로 처음에는 처녀처럼 삼가 적이 와서 문을 열게 하고, 나중에는 탈토(脫兎 : 덫에서 벗어난 토끼)처럼 재빨리 나아가 적이 미처 막을 수 없게 하는 것이다.[19]

---

19) 싸움이 시작되었을 때, 처음에는 조용하고 조심스럽게 행동하여 수줍은 처녀처럼 보이면 적은 방심하여 방비를 허술하게 할 것이고 이 틈을 타서 덫에서 빠져나온 토끼처럼 신속하게 쳐들어가면 적은 아군의 공격을 막아내지 못할 것이다. 이를 위해서는 사전에 만반의 준비가 되어 있어야 한다. '처음에는 처녀처럼'이란 말이 현대인에게는 다소 다른 의미로 사용되고 있지만, 원 출전인 『손자』에서는 전술의 요체를 집약한 구절로 쓰이고 있다.

第十一 九地篇

孫子曰 用兵之法 有散地[1] 有輕地[2] 有爭地[3] 有交地[4] 有衢地[5] 有重地[6] 有圮地[7] 有圍地[8] 有死地[9] 諸候自戰其地 謂散地 入人之地而不深者 爲輕地 我得則利 彼得亦利者 爲爭地 我可以往 彼可以來者 爲交地 諸候之地三屬 先至而得天下之衆者 爲衢地 入人之地深背城邑多者 爲重地 行山林險阻沮澤 凡難行之道者 爲圮地 所由入者隘 所從歸者迂 彼寡可以擊吾之衆者 爲圍地 疾戰則存 不疾戰則亡者 爲死地 是故散地則無以戰 輕地則無止 爭地則無攻 交地則無絶 衢地則合交 重地則掠 圮地則行 圍地則謀 死地則戰 所謂古之善用兵者 能使敵人前後不相及 衆寡不相恃 貴賤不相救 上下不相扶 卒離而不集 兵合而不齊 合於利而動 不合於利而止 敢問 敵衆整而將來 待之若何 曰先奪其所愛 則聽矣 兵之情主速 乘人之不及 由不虞之道 攻其所不戒也

凡爲客之道 深入則專 主人不克 掠於饒野 三軍足食 謹養而勿勞 併氣積力 運兵計謀 爲不可測 投之無所往 死且不北 死焉不得 士人盡力 兵士甚陷則不懼 無所往則固 入深則拘 不得已則鬪 是故其兵不修而戒 不求而得 不約而親 不令而信 禁祥去疑 至死無所之 吾死無餘財 非惡貨也 無餘命 非惡壽也 令發之日 士卒坐者涕霑襟 偃臥者涕交頤 投之無所往者 諸劌[10]之勇

故善用兵者 譬如率然[11] 率然者 常山[12]之蛇也 擊其首則尾至 擊其尾則首至 擊其中則首尾俱至 敢問 兵可使如率然乎 曰可 夫吳人與越人相惡也 常其同舟而濟遇風 其相救也 如左右手 是故方馬埋輪未足恃也 齊勇若一 政之道也 剛柔皆得 地之理也

故善用兵者 携手若使一人 不得已也 將軍之事 靜以幽 正以治 能

愚士卒之耳目 使之無知 易其事 革其謀 使人無識 易其居 迂其途
使人不得慮 帥與之期 如登高而去其梯 帥與之深入諸候之地 而發其
機 焚舟破釜 若驅群羊而往 驅而來 莫知所之 聚三軍衆 投之於險
此謂將軍之事也 九地之變 屈伸之利 人情之理 不可不察也

凡爲客之道 深則專 淺則散 去國越境師者 絶地也 四達者 衢地也
入深者 重地也 入淺者 輕地也 背固前隘者 圍地也 無所往者 死地
也 是故散地吾將一其志 輕地吾將使之屬 爭地吾將趨其後 交地吾將
謹其守 衢地吾將繼其食 圯地吾將進其途 圍地吾將塞其闕 死地吾將
示之以不活 故兵之情 圍則禦 不得已則鬪 過則從 是故不知諸候之
謀者 不能預交 不知山林險阻沮澤之形者 不能行軍不用鄕導[13]者 不
能得地理 四五者不知一 非坏霸王之兵也

夫霸王之兵 伐大國 則其衆不得聚 威加於敵 則其交不得合 是故
不爭天下之交 不養天下之權 信己之私 威加於敵 故其城可拔 其國
可隳 施無法賞 懸無政之令 犯[14]三軍之衆 若使一人 犯之以事 勿告
以言 犯之以利 勿告以害 投之亡地 然後存 陷之死地 然後生 夫衆
陷於害 然後能爲勝敗 故爲兵之事 在於順詳敵之意 幷敵一向 千里
殺將 此謂巧能成事者也 是故政擧之日 夷關折符[15] 無通其使 勵於
廊廟[16]之上 以誅其事 敵人開闔 以極入之 先其所愛 微與之期 踐墨
隨敵 以決戰事 是故始如處女 敵人開戶 後如脫兎 敵不及拒

1) 산지(散地) : 자국 영토 내에서의 싸움으로 군사들의 마음이 산란해지기 쉬운 전장(戰場).

2) 경지(輕地) : 국경지역에서의 싸움으로 군사들이 동요되거나 도주하기 쉬운 전장.

3) 쟁지(爭地) : 전략적 요충지로 피아(彼我)가 서로 격렬하게 다투는 전장.

4) 교지(交地) : 출입이 쉽고 교통이 편리해서 피아가 작전을 펴기

에 용이한 싸움터.

  5) 구지(衢地) : 각국으로 통하는 교통의 요충지.

  6) 중지(重地) : 경지(輕地)와 대비되는 곳으로 적국 깊이 들어간 전장.

  7) 비지(圮地) : 험하거나 습한 지역으로 군사들이 행군을 하거나 작전을 펼치기 어려운 지역.

  8) 위지(圍地) : 산이나 강으로 둘러싸여 있고 출입구가 비좁은 싸움터.

  9) 사지(死地) : 필사의 전투만이 가능한 절대절명의 전장.

  10) 제귀(諸劌) : 사람 이름. 전제(專諸)와 조귀(曹劌).

  11) 솔연(率然) : 재빠르다는 뜻. 여기에서는 전설 속의 동물로 상산(常山)에 산다는 뱀을 말함.

  12) 상산(常山) : 중국 오악(五岳)의 하나인 명산(名山)·항상(恒山)이라고도 함.

  13) 향도(鄕導) : 향도(嚮導)라고도 한다. 지리나 정세를 잘 알고 있는 사람.

  14) 범(犯) : 동(動)과 같은 뜻으로 '움직인다'.

  15) 이관절부(夷關折符) : 국경을 폐쇄하고 통행증을 폐기하는 것. 부(符)는 암호표로 고대에 대나무 등을 꺾어 그것을 갖고 여러 신호를 했던 데에서 유래.

  16) 낭묘(廊廟) : 조정을 말함.

12. 화공편(火攻篇)[1]

이 편은 고대 전쟁에서 매우 중요한 비중을 차지했던 화공(火攻)에 관해 기술한 것으로 상세한 설명을 통해 전술의 효과적인 구사를 강조하고 있다.

손자(孫子) 이르기를, 무릇 불 공격에는 다섯 가지가 있으니, 첫째는 사람을 사르는 것이요, 둘째는 짐더미를 사르는 것이요, 셋째는 치차(輜車 : 식량이나 무기를 싣는 수레)를 사르는 것이요, 넷째는 창고를 사르는 것이요, 다섯째는 군대를 사르는 것이니, 불을 놓음에는 반드시 그 내응자(內應者 : 적에 들어가 조사하여 은밀히 알려주는 사람)가 있어야 하고,[2] 또 거기에는 필요한 재료가 있어

---

1) 화공(火攻)이란 불로써 적을 공격하는 것을 말한다. 이 편의 전반부에는 화공의 대상과 원칙, 방법이 기술되어 있고 후반부에는 전쟁에 대한 지도자의 태도의 신중성이 강조되어 있다.
2) 외부에서 화공(火攻)할 수 없을 때는 적진의 내부에서 불을 놓을 사

야 할 것이다.

 불을 놓음에는 '때'가 있고 불을 놓음에는 '날'이 있으니, '때'는 하늘이 개어야 하고 '날'은 달이 기(箕)나 벽(壁)이나 익(翼)이나 진(軫)―모두 별의 일정한 장소―의 장소에 있어야 할 것이니,[3] 대개 달이 이 네 별의 장소에 있을 때는 바람이 일어나는 날인 것이다. 대개 이 불 공격은 다섯 가지 불 공격에 따라 변화하는 적의 동정에 응해야 할 것이니, 불이 적진 안에서 나면 빨리 그 밖에서 응해야 하고, 불이 일어도 그 군사가 조용하면 가만히 기다려 치지 말 것이요,[4] 그리하여 그 불이 점점 성해졌을 때를 보아서 그것을 칠 수 있으면 치고, 칠 수 없으면 그쳐야 할 것이다. 물론 밖에서 불 공격을 할 수 있으면 적진 안의 불을 기다릴 것 없이 그때를 보아 놓을 것이요, 또 불이 윗바람에서 났을 때는 바람 밑에서 치지 말 것이다.[5] 그리고 낮바람은 오래 불고 밤바람은 곧 그치는 것이다.[6]

람이 필요하다. 만약 내부 상황을 잘 모르거나 적군으로부터 의심받을 수 있는 아군이 적진에 침입한다면 실패할 가능성이 높고 도리어 적으로 하여금 새로운 전술을 구사하게 하는 실마리가 될 수 있다. 따라서 간첩을 파견하거나 적의 내부인을 매수하여 작전에 내응(內應)하도록 하는 것이 현명하다.

 3) 중국 고대의 천문학에서는 천체를 28개의 성좌로 구분하고 달이 28개의 성좌를 한 바퀴 경유하면 1년이 된다고 설명하였다. 기(箕)・벽(壁)・익(翼)・진(軫)은 이 28개의 성좌(宿)들로 각각 동쪽과 북쪽, 그리고 남쪽(翼・軫)에 위치한다.

 4) 불이 났는데도 적진이 동요하지 않는 것은 적진에서 방화 사실을 모르고 있거나 새로운 계략을 준비하고 있기 때문이다.

 5) 여기에서 바람의 상하(上下)는 바람의 방향으로 이해하면 된다. 물이 위에서 아래로 흐르는 것처럼 바람도 위에서 아래로 흐른다고 한다면 바람 밑에서 치지 말라는 것은 바람을 맞받은 채 공격하지 말라는 것이다.

무릇 군사는 이 다섯 가지 불의 변화7)를 알아서 그 방법을 지켜야 할 것이니, 그러므로 불로써 공격을 도우면 승리가 확실하고, 물로써 공격을 도우면 그 형세는 강해지나, 그러나 물은 적의 연락은 끊을 수 있지마는 적의 승리는 빼앗을 수 없는 것이다.

대개 싸움에 이겨 적의 진지를 빼앗아도 그 공을 거두지 못하면 이것은 흉(凶 : 궂은 일)이니, 이것을 일러 비류(費留 : 쓸데없이 사람의 목숨과 물질만 허비하여 나쁜 결과만 남기는 것)라 하는 것이다. 그러므로 이르노니, 밝은 임금은 이것을 걱정하고 어진 장수는 이것을 생각하여, 이익이 없으면 움직이지 않고, 소득이 없으면 군사를 쓰지 않고, 내가 위태하지 않으면 싸우지 않는 것이다. 임금은 한때의 감정으로 군사를 일으키지 말 것이며, 장수는 한때의 화풀이로 싸우지 말 것이니, 이익이 있으면 움직이고, 이익이 없으면 그쳐야 할 것이다. 한때의 화는 다시 기쁨이 될 수 있고, 한때의 분은 다시 즐거움이 될 수 있으나, 망한 나라는 다시 있을 수 없고, 죽은 사람은 다시 살 수 없는 것이다. 그러므로 밝은 임금은 이것

맞바람 속에서 공격하면 아군 역시 불길에 휩싸일 수 있기 때문이다.

6) 이 부분에 대한 해석은 분분하다. 어떤 이는 '오래 간다'는 뜻으로 쓰인 구(久)를 종(從)자의 오자(誤字)로 규정하고 이 부분을 '낮바람에는 호응하여 공격하고 밤바람에는 공격을 그쳐야 한다'로 해석하면서 그것의 근거를 밤에는 적의 복병이 불 속에 숨을 수 있어 뜻밖의 허를 찔릴 수 있기 때문이라고 풀이하였다. 또다른 이들은 '낮바람이 오래 불면 밤바람은 그친다'로 해석하여 일반적인 기상현상의 한 원칙으로 이해하였다.

7) 다섯 가지 불의 변화란 위에서 제시한 다섯 가지의 화공법으로, 첫째, 적진 내부에서의 방화시 신속히 공격할 것. 둘째, 불이 일어도 적진이 동요하지 않을 때는 기다릴 것. 셋째, 외부에서의 화공이 가능하면 바람에 따라 적절한 시기에 공격할 것. 넷째, 바람을 안고 공격하지 말 것. 나섯째, 바람의 시기를 보아 공격할 것 등을 말한다.

을 삼가고 어진 장수는 이것을 경계하는 것이니, 이것은 나라를 편안히 하고 군사를 온전히 하는 길인 것이다.

第十二 火攻篇

　孫子曰 凡火攻有五 一曰火人 二曰火積 三曰火輜 四曰火庫 五曰火隊 行火必有因 煙火必素具 發火有時 起火有日 時者天之燥也 日者宿在箕壁翼軫[1]也 凡此四宿者 風起之日也 凡火攻 必因五火之變而應之 火發於內 則早應之於外 火發而其兵靜者 待而勿攻 極其火力 可從而從之 不可從而止 火可發於外 無待於內 以時發之 火發上風[2] 無攻下風[3] 晝風久 夜風止 凡軍必知有五火之變 以數[4]守之 故以火佐攻者明 以水佐攻者强 水可以絶 不可以奪
　夫戰勝攻取 而不修其功者凶 命曰費留[5] 故曰 明主慮之 良將修之 非利不動 非得不用 非危不戰 主不可以怒而興師 將不可以慍而致戰 合於利而動 不合於利而止 怒可以復喜 慍可以復悅 亡國不可以復存 死者不可以復生 故明君愼之 良將警之 此安國全軍之道

1) 기(箕)·벽(壁)·익(翼)·진(軫): 중국 고대의 별자리 이름.
2) 상풍(上風): 바람을 등진 곳.
3) 하풍(下風): 바람을 맞받는 곳.
4) 수(數): 계산하다, 헤아리다.
5) 비류(費留): 인명이나 재산을 소진하면서 주둔시킨다는 뜻.

13. 용간편(用間篇)[1]

이 편은 간자(間者 : 가만히 적국에 들어가 적국의 사정을 조사하여 본국에 알리는 사람. 스파이)를 쓰는 법을 설명한 것이다.

손자(孫子) 이르기를, 무릇 군사 십만을 내어 천리 밖에서 싸우게 하려면, 백성들의 내는 비용과 정부의 부담이 하루에 천금(千金)이 될 것이요, 나라의 안팎이 시끄러이 떠들어 마음이 편치 않

---

1) 손자는 이 병법의 첫 부분에서 피아(彼我)의 허(虛)와 실(實)을 아는 것의 중요성과 이긴 뒤에 싸움에 임할 것을 여러 번 강조한 바 있다. 손자병법의 전체 주제인 이 '지피지기(知彼知己)'는 앞의 12편에 일관되게 흐르는 사상의 핵심으로, 손자는 용간법(用間法)을 끝으로 이 병서(兵書)를 마무리함으로써 1장인 「계편」의 주장을 구체화할 수 있는 방법을 제시하고 있다. 이 편에는 간첩의 중요성과 종류, 그리고 간첩을 부리는 법이 기술되어 있다.

을 것이요, 군대며 식량을 실어 보내기로 제 일에 오로지 힘쓰지 못하는 백성의 가족이 70만이나 될 것이니, 여러 해의 준비가 하루의 승리에 달린 것이다. 그럼에도 불구하고 임금이나 장수가 백금(百金)의 돈이나 상품을 아껴 간자(間者)를 쓰지 않아 적의 실정에 어두워 싸움에 진다는 것은, 이는 지극히 어질지 않음이요, 또 군사의 장수가 아니요, 임금을 돕는 것이 아니요, 승리의 주인이 아닌 것이다. 그러므로 밝은 임금과 어진 장수가 군사를 일으켜 적을 이겨서 그 공이 뛰어나는 원인은 실로 적의 실정을 먼저 아는 데 있는 것이다. 그러나 이 적의 실정을 먼저 안다는 것은 귀신에게 빌어서 얻을 것도 아니요, 일에 나타난 징조를 본 것도 아니요, 또 그 나라의 땅의 넓이와 백성의 수에 시험할 것도 아니요, 오직 한 사람의 힘으로써 적의 실정을 알 수밖에 없는 것이다.

그러므로 간자(間者)를 씀에 다섯 가지가 있으니, 첫째는 향간(鄕間)[2]이요, 둘째는 내간(內間)[3]이요, 셋째는 반간(反間)[4]이요, 넷째는 사간(死間)[5]이요, 다섯째는 생간(生間)[6]이니, 이 다섯 간자가

---

2) 향간(鄕間)이란 상대국의 특정 지역을 삶의 기반으로 삼고 있는 자를 첩자로 이용하는 것으로, 향간은 의심받지 않고 자연스럽게 활동할 수 있을 뿐만 아니라 지형을 완벽하게 알고 있어 원정군의 향도(嚮導)로도 기용될 수 있는 간첩이다.
3) 내간(內間)은 상대국의 관료를 첩자로 쓰는 것으로 고위관료일수록 정보의 가치가 높다. 금품 증뢰(贈賂)나 미인계를 통한 정보수집도 여기에 포함된다.
4) 반간(反間)이란 적의 간첩을 매수하여 역이용하거나 적의 간첩에게 허위정보를 수집하게 하는 것으로 전자의 경우(이중간첩)에는 위험부담이 높다.
5) 사간(死間)은 여러 가지 경우에 해당되는 간첩으로 대부분 죽음에 처해진다는 것을 공통점으로 한다. 몇 가지 예를 들어보면, 먼저 반간이나

함께 움직여도 적이 그 어찌 된 바를 알 길이 없으면, 이것을 일러 신비한 활동이라 하는 것이니, 실로 임금의 보배인 것이다. '향간' 이라는 것은 적국의 사람을 쓰는 것이요, '내간' 이라는 것은 적국의 관리를 쓰는 것이요, '반간' 이라는 것은 적의 간자를 돌려 쓰는 것이요, '사간' 이라는 것은 밖으로 거짓 일을 꾸며 아군의 간첩을 시켜 알게 하고 적에게 전하는 것이요, '생간' 이라는 것은 살아 돌아와 알리는 것이다.

그러므로 장수로서는 삼군(三軍) 가운데서 간자처럼 친할 수 없고, 상(賞)은 간자에게보다 후할 수 없고, 일은 간자에게보다 비밀할 수 없을 것이니, 뛰어난 지혜 아니면 간자를 쓸 수 없고, 인(仁)과 의(義)가 아니면 간자를 부릴 수 없고, 미묘한 생각이 아니면 간자의 공을 얻기 어려울 것이니, 묘하고 묘하도다. 어떠한 경우에도 간자를 쓰지 않을 수 없는 것이다.

간자의 일이 보고(報告)되기 전에, 먼저 들은 자와 또 보고하기 전에 남에게 말한 간자는 모두 죽이는 것이다. 무릇 우리 군사가 치고자 하는 적과, 또 빼앗고자 하는 성(城)과 죽이고자 하는 사람이 있으면, 반드시 먼저 그 지키는 장수나 또 임금의 좌우(左右)에 있는 사람이나 문지기나, 또는 그의 심부름꾼의 성명까지도 알아서, 우리 간자로 하여금 반드시 그것을 찾아 알리게 할 것이다.

또 내게 온 적의 간자는 반드시 이것을 찾아내어 이익으로 꾀어

아군의 간첩 중 의심스러운 자에게 허위정보를 주고 그것이 드러나 죽임을 당하도록 할 때 대상이 되는 간첩, 적의 유능한 인재를 죽이기 위해 그 인재가 아군의 간첩과 내통하고 있는 듯이 꾸밀 때 투입되는 간첩, 위장평화를 위해 적진에 밀사처럼 파견되는 간첩 등이 여기에 해당한다.

6) 생간(生間)이란 적진에 파견되어 첩보활동을 하다 귀환하여 수집한 정보를 보고하는 것을 목적으로 하는 간첩이다.

이것을 이용하고, 길을 인도하여 적국에 돌려보낼 것이니, 그러므로 '반간'은 쓸 만하다 하는 것이다. 그리하여 반간으로 말미암아 적을 알기 때문에 '향간'이나 '내간'도 부릴 수 있고, 또 이로 말미암아 적을 알기 때문에 '사간'을 시켜 거짓으로써 적에게 알리게 할 수도 있고, 또 이로 말미암아 '생간'도 기약한 바를 이룰 수 있는 것이다.[7]

다섯 가지 간자의 일을 임금은 알아야 할 것이니, 적을 아는 것은 '반간'에 있는 것이다. 그러므로 '반간'은 후히 대접해야 하는 것이다.

옛날 은(殷)나라가 일어날 때 이지(伊摯)가 하(夏)나라에 있었고, 주(周)나라가 일어날 때 여아(呂牙)가 은(殷)에 있었으니,[8] 그러므로 오직 밝은 임금과 어진 장수로서 그 뛰어난 지혜로 간자를 쓴 사람은 반드시 큰 공을 이루었던 것이다. 이는 군사의 알맹이요, 삼군이 믿고 움직이는 비일 것이다.

---

7) 반간(反間)은 적국의 인물과 정세를 밝히 알고 있기 때문에 향간과 내간의 대상을 선정하는 데 필요한 결정적인 자료를 제공할 수 있고 사간이 적을 속일 수 있는 정보의 종류와 생간이 안전하게 첩보활동을 하고 귀환할 수 있는 방법 등에 중요한 도움을 줄 수 있다. 따라서 향간·내간·사간·생간의 근거가 되는 반간을 후히 대접하는 것은 당연한 일이다.

8) 이지(伊摯)는 은(殷)의 간자이고, 여아(呂牙)는 주(周)의 간자이다. 은은 이지를 써서 하(夏)의 국정을 알아 하를 부수고 일어났고, 주는 여이를 써서 은의 국정을 알아 은을 부수고 일어났다.

第十三　用間[1]篇

　　孫子曰　凡興師十萬　出兵千里　百姓之費　公家之奉　日費千金　內外騷動　怠於道路　不得操事者　七十萬家　相守數年　以爭一日之勝　而愛爵祿百金　不知敵之情者　不仁之至也　非人之將也　非主之佐也　非勝之主也　故明君賢將　所以動而勝人　成功出於衆者　先知也　先知者不可取於鬼神　不可象於事[2]　不可驗於度[3]　必取於人　知敵之情者也　故用間有五　有鄕間[4]　有內間[5]　有反間[6]　有死間[7]　有生間[8]　五間俱起　莫知其道　是爲神紀　人君之寶也　鄕間者　因其鄕人而用之　內間者　因其官人而用之　反間者　因其敵間而用也　死間者　爲誑事於外　令吾間知之　而傳於敵　生間者　反報也　故三軍之親　莫親於間　賞莫厚於間　事莫密於間　非聖智不能用間　非仁義不能使間　非微妙不能得間之實　微哉微哉　無所不用間也

　　間者未發而先聞者　間與所告皆死　凡軍之所欲擊　城者所欲攻　人之所欲殺　必先知其守將左右謁者[9]門者舍人[10]姓名　令吾間必索知之　必索敵人之間來間我者　因而利之　導而舍之　故反間可得用也　因是而知之　故鄕間內間可得而使也　因是而知之　故死間爲誑事　可使告敵　因是而知之　故生間可使如期　五間之事　主必知之　知之必在於反間　故反間不可不厚也　昔殷之興也　伊摯[11]在夏　周之興也　呂牙[12]在殷　故惟明軍賢將　能以上智爲間者　必成大功　此兵之要　三軍之所恃而動也

　1) 간, 한(間) : 사이 간이며 한으로도 통함. 간(間)은 한(閒)의 속자.
　2) 상어사(象於事) : 다른 사례에서 유사점을 찾아 어떤 일의 징표로 상정(想定)하는 것.
　3) 험어도(驗於度) : 일정한 법칙에 의거해서 판단하는 것.

4) 향간(鄕間) : 그 지역 사람인 첩자. 인간(因間)으로 표기한 이본(異本)도 있다.

  5) 내간(內間) : 상대국의 관료로 아국의 첩자로 기용된 사람.

  6) 반간(反間) : 원래는 적의 간첩으로 아국이 매수하여 아국을 위해 역으로 간첩으로 기용한 사람.

  7) 사간(死間) : 처음부터 죽을 것이 예측되는 간첩.

  8) 생간(生間) : 적지에서 첩보활동을 하고 돌아와서 수집된 정보를 보고하는 간첩.

  9) 알자(謁者) : 주로 손님 접대를 맡아보는 사람으로 비서관과 같은 구실을 함.

  10) 사인(舍人) : 집안의 잡무를 맡아보는 사람.

  11) 이지(伊摯) : 은나라 성탕(成湯) 시대의 재상으로 이윤(伊尹)으로 알려져 있는 사람. 원래는 하(夏)나라의 농군이었으나 그의 명성을 들은 성탕왕이 세 번 초청하자 감격하여 성탕왕을 도와 고국 하나라의 폭군을 토벌하고 천하를 평정하는 데 기여하였음.

  12) 여아(呂牙) : 주나라 무왕을 도와 은나라를 공격하고 천하통일을 이루는 데 크게 공헌한 정치가이자 군략가.

제2부

오자(吳子)

『오자(吳子)』에 대하여

오기(吳起)는 위(衛)나라 사람으로 그의 일생은 자못 기구(崎嶇)한 바 있다. 부모에게서 얼마의 재산을 물려받았으나, 방탕하여 곧 없애버리고, 그때부터 병법을 배우기 시작하여 출세할 결심을 굳게 하였다. 그리하여 사사로운 혐의로써 30여 명의 사람을 죽이고, 가만히 고국을 떠나 노(魯)나라로 들어가 증자(曾子)의 제자가 되었으나 고국에 계시는 어머니의 상사(喪事)에도 가지 않은 불효자라는 이유로 증자의 문하에서 쫓겨나게 되었다. 그러나 이 사실은 그를 한층 더 분발시키는 계기가 되었고 그는 더욱 병법을 공부하여, 드디어 노나라 임금의 극진한 사랑과 대접을 받았다. 때마침 노나라와 제(齊)나라 사이에 싸움이 벌어져 오기는 노나라의 총지휘관이 되었다. 그러나 그의 아내가 제나라 사람이라 하여 모두 그의 충성을 의심하자 그는 그의 아내를 죽여 두 마음이 없음을 증명하였다.

이처럼 그는 공명심을 위하여 인정과 의리에 벗어난 사람이 되었다. 부모에게는 불효한 자식이 되고, 아내에게는 무정한 남편이 된 그는 결국 많은 사람의 비난을 받으면서 할 수 없이 노나라를 떠나 위(魏)나라로 들어갔다. 위의 문후(文候)와 무후(武候)와의 문답이 곧 이 유명한 병서 『오자(吳子)』로서, 무후를 도와 진(秦)의 50만 대군을 쳐부수어 큰 공을 세웠다.

그러나 그의 너무 곧고 차고 또 뾰족한 성격은 위나라에서도 있을 수 없어, 다시 초(楚)나라로 갔지마는 거기서도 용납되지 못하고 마지막에는 길 위에 갈갈이 찢어져 흩어진 송장이 되어 일생을 마치었다.

불효 자식이요 무정한 남편으로서 차디찬 성격의 소유자였지마는, 일면 그는 자신의 부하인 두 부자(父子)의 등창의 고름을 자기 입으로 빨아주어, 그에 감격한 두 부자가 차례차례로 전사(戰死)하였다는 사실은 삼군의 장(將)으로서의 그의 뛰어난 면모를 우리에게 보여주고 있다.

대체로 병서 『손자』가 비교적 원리원칙에 주안(主眼)을 둔 데 비하여, 이 병서 『오자』는 실제 전술에 중점을 둔 듯하고, 『손자』이론의 정정당당한 미쁨에 비하여 이 『오자』의 실전에 관한 자세한 설명은 더욱 우리에게 친절한 맛을 준다. 아무튼 이 둘이 한데 어울려 비로소 용병(用兵)의 요체(要諦)가 된다 하겠다.

첫머리[1]

오기(吳起)[2], 선비의 옷을 입고[3] 군사 쓰는 법을 이야기하려고

---

1) 이 전문(前文)에는 오자가 위나라의 임금 문후(文候)를 찾아가 병법과 치국(治國)의 도를 설명하여 위나라의 장수로 등용되는 경위가 서술되어 있다. 칠웅(秦·楚·燕·齊·韓·魏·趙)이 천하를 할거하던 춘추 말기, 노나라에서 큰 공을 세우고도 시기하는 이들로부터 참소를 받은 오자는 신생국이면서 현명한 군주가 통치하는 위나라를 찾아간다. 신생국인 까닭에 전격적인 등용이 가능했을 것이고 인재를 알아보는 군주가 있었다는 점 등이 오자가 위나라로 망명하게 된 동기였을 것이다. 위나라 문후, 그외 아들 무후(武候)와의 대화 형식으로 구성된 이 『오자』는 오자의 병법과 경국(輕國)의 도(道)가 6편에 나뉘어 기술되어 있다. 이 전문(前文)은 후세의 편자(編者)가 『사기(史記)』 등의 기록을 참조하여 기술한 것으로 알려

위문후(魏文候 : 위나라의 임금)를 찾았더니, 문후—나는 전쟁을 좋아하지 않노라. 오기 이르기를, 나는 나타난 것으로써 숨은 것을 점치고, 지난 일로써 오는 일을 살피거니와, 당신은 어찌하여 그 말이 마음과 틀리는고? 이제 당신은 사시(四時)로 사람을 시켜 뭇 짐승의 껍질과 가죽을 벗겨 붉은 칠을 들씌우고, 단청(丹靑)으로 그리고 물소와 코끼리의 모양으로 빛나게 하니, 겨울에 그것을 입어도 따뜻하지 않고, 여름에 그것을 입어도 시원하지 않으며, 또 긴 창은 두 발 넉 자요, 짧은 창은 한 발 두 자로 만들고, 또 가죽차는 집을 덮을 만큼 높고 크며, 수레바퀴는 꾸미지 않고, 바퀴통은 굳게 싸서, 눈으로 보아도 화려한 빛이 없고, 이것을 타고 사냥해도 빠르지 않으니, 묻건대 당신은 장차 이것들을 어디다 쓰려 하는고?⁴⁾

져 있다.

2) 오기(吳起 : B.C. 440?~B.C. 381) : 오자(吳子)의 본명. 중국 전국시대의 병법가로 위(衛 : 지금의 하남성) 출신.『사기』에 따르면 평소 병법을 좋아했고 노(魯)나라에서 증자(曾子)에게 유학을 배웠다. 그뒤 노나라 장수가 되어 제(齊)나라를 치는 전공을 세웠으나, 모략을 받고 실각했다. 위(魏)나라로 망명하여 문후(文候)를 섬겼으며 진(秦)나라를 공격하여 5성을 함락하는 등 많은 치적을 쌓았다. 문후가 죽은 뒤 무후(武候)에게 쫓겨 초(楚)나라로 망명하여 도왕(悼王)을 섬기면서 재상으로서 개혁을 단행하다가 구세력의 쿠데타로 인해 살해되었다.

3) 오자는 일찍이 공자의 제자인 증자의 문하에서 유학을 공부하였고 나라의 기초를 덕치(德治)에서 찾았으며 그의 병법이 인(仁)의 정신에 바탕하고 있음을 볼 때 그가 유복(儒服)을 입고 문후(文候) 앞에 나타난 것은 자신의 경국(經國)의 도(道)가 문무(文武)를 겸비한 것임을 시사한 것으로 이해할 수 있다.

4) 전쟁 준비를 하고 있으면서도 전쟁을 좋아하지 않는다고 했던 문후를 우회적으로 비판하는 부분으로, 예의바르고 부드러우면서도 상대방에

만일 이러한 기구로써 나아가 싸우고 물러나 지킬 때, 잘 쓸 줄 아는 사람을 구하지 못한다면, 마치 이것은 알을 안은 닭이 삵을 치고, 새끼를 가진 개가 범에게 달겨드는 것과 같아서 비록 싸울 마음은 있으나 정작 맞붙으면, 곧 죽고 말 것이다.

옛날 승상씨(承桑氏)는 덕만 닦고 무(武)를 버렸으므로 그 나라를 멸망시켰고, 유호씨(有扈氏)는 백성 많은 것을 믿고 용맹만 좋아하였으므로 그 나라를 잃었던 것이다. 밝은 임금은 이것을 거울삼아 안으로 문(文)의 덕을 닦고, 밖으로 무(武)의 준비를 힘써야 할 것이다. 그러므로 적을 마주하여도 나아가 싸우지 않는 것은 의(義)에 미칠 수 없으며 싸우다 죽은 시체를 보고 슬퍼한다 해도 인(仁)에 미칠 수 없을 것이다.[5]

이에 문후 몸소 자리를 펴고, 그 부인은 술잔을 받들어 조상의 사당에 아뢴 뒤에 오기를 세워 대장을 삼았다. 그리하여 서하(西河)를 지켜 여러 제후와 싸움하기 일흔여섯 번에, 완전히 이긴 것이 예순네 번이요, 그 나머지는 승부가 없었으며, 사방으로 땅을 넓히고 천리의 땅을 개척한 것은 모두 이 오기의 공이었다.[6]

대한 비수가 담겨져 있는, 오자병법의 한 전술이 화술(話述) 속에 잘 구현되어 있는 부분이다.

5) 인의(仁義)정치는 문무(文武)가 겸비될 때 비로소 실현될 수 있다는 오자의 실용적 사고가 잘 드러난 부분이다. 이러한 실용성, 실제성은 손자병법과 구별되는 오자병법의 특징 중 하나이다.

6) 이 대문은 뒷사람이 오기의 공을 모두 풀이한 것이다.

첫머리 109

前文

　　吳起儒服 以兵機見魏文候[1] 文候曰 寡人 不好軍旅之事[2] 起曰 臣以見占隱 以往察來 主君何言與心違 今君四時 使斬離皮革 掩以來朱漆 畫以丹靑 爍以犀象[3] 冬日衣之 則不溫 夏日衣之 則不凉 爲長戟二丈四尺 短戟一丈二尺華車掩戶 縵輪籠轂[4] 觀之於目 則不麗 乘之於田[5] 則則不輕 不識主君安用此也 若以備進戰退守 而不求能用者 譬猶伏鷄[6]之搏狸 乳犬之犯虎 雖有鬪心 隨之死矣 昔承桑氏之君 修德廢武 以滅其國家 有扈氏之君 恃衆好勇 以喪其社稷 明主鑑玆 必內修文德 外治武備 故當敵而不進 無逮於義矣 僵死而哀之 無逮於仁矣 於是文候身自布席 夫人捧觴 醮吳起於廟 立爲大將 守西河[7] 與諸候大戰七十六 全勝六十四 餘則均解 闢土四面 拓地千里 皆起之功也

　1) 위문후(魏文候) : 위나라 제후의 이름. 원래는 진(晋)나라의 대부(大夫)로 같은 대부인 조적(趙籍), 한건(韓虔)과 함께 진(晋)을 삼분(三分)하여 위(魏)를 세우고 문후가 됨.
　2) 군려지사(軍旅之事) : 군(軍)과 려(旅)는 각각 12,500명과 500명을 가리키는 군의 편제 단위. 따라서 군려지사는 전쟁에 관한 일을 뜻함.
　3) 삭이서상(爍以犀象) : 고대에 갑옷이나 투구에 물소나 코끼리 등 맹수의 형상을 그려 적의 군마(軍馬)를 위협하고 무용(武勇)의 표상으로 삼던 일.
　4) 만륜농곡(縵輪籠轂) : 무늬나 장식이 없는 가죽으로 바퀴와 속바퀴통을 싼 것. 실용적이고 견고히 하기 위한 목적으로 제작함.
　5) 전(田) : 사냥하는 것.

6) 부계(伏鷄) : 알을 품고 엎드려 있는 닭.
7) 서하(西河) : 지명. 황하 서쪽에 있는 곳으로 진(秦)과의 국경지대.

1. 도국(圖國)[1]

나라를 다스리는 꾀를 논한 것이다.

제1장

오자(吳子) 이르기를, 옛날에 나라를 다스리는 임금은 반드시 먼저 백성을 가르친 뒤에 온 백성과 친하였던 것이다. 여기 네 가지의 화(和)하지 않음이 있으니, 나라가 화하지 않으면 군사를 낼 수

---

1) 도국(圖國)이란 치국(治國)을 도모한다는 뜻으로, 오자는 병법의 첫 머리에서 다른 나라와 싸우는 데는 먼저 나라 안이 잘 다스려져야 한다는 것을 역설하여 승전(勝戰)의 전제조건으로 삼고 있다.
  이 편에서 오자는 전쟁을 수행할 때 단결만큼 중요한 것은 없으며, 싸워서 이기기는 쉬워도 지켜서 이기기는 어려우며, 백성들을 편안하게 살 수 있도록 해주는 것이 필승의 묘책임을 강조한다.

없고, 군이 화하지 않으면 나아가 진 칠 수 없고, 진(陣)이 화하지 않으면 나아가 싸울 수 없고, 전장에서 화하지 않으면 승리를 얻을 수 없을 것이다.

그러므로 도(道) 있는 임금은, 그 백성을 씀에 있어서 먼저 화하게 한 뒤에 큰일을 도모하는 것이다. 그리하여 함부로 한 사람의 사사로운 꾀를 믿지 말 것이니, 반드시 먼저 조상의 사당에 아뢰고 거북껍질을 불살라 길흉(吉凶)을 점쳐보고[2], 또 천기와 시절을 참작해보아서 좋은 뒤에야 군사를 낼 것이다. 임금이 백성의 목숨을 사랑하고 백성의 죽음을 아껴서, 그 지극한 줄을 백성이 알면, 나라가 어려울 때에, 백성은 나아가 죽음을 영광으로 알고 물러나 사는 것을 부끄러움으로 여길 것이다.[3]

제2장
오자 이르기를, 대개 도(道)라는 것은 그 일의 근본을 찾아 그 처음으로 돌아가는 원인이 되고, 의(義)라는 것은 일을 행하여 공을 세우는 원인이 되고[4], 꾀(謀)라는 것은 해를 멀리하고 이(利)로

---

2) 오자가 여기에서 거북점에 대해 운운한 것은 그것을 군사 운용의 근거로 인정한다는 것이 아니라 인화(人和)의 발판으로 삼겠다는 의도로 해석해야 한다. 지금으로부터 2천여 년 전 오자가 살던 시기에는 점술이 매우 영향력 있는 상징이었으므로 백성들의 화합과 정신적 단결을 위해 점복을 활용해야 한다는 주장으로 이해하는 것이 타당하다. 이는 실전에서는 점복을 치지 못하게 했던 오자에 관한 일화들이 증명해준다.

3) 후대의 많은 사람들은 오자가 승전할 수 있던 원동력을 그의 백성과 부하에 대한 사랑에서 찾는데, 이는 장수의 능력 중 지략을 강조했던 손자와 구별되는 특징이기도 하다. 모든 의식주를 병졸들과 똑같이 하면서 동고(同苦)하고, 등창이 난 부자(父子)의 종기를 손수 입으로 빨아줄 정도로 부하를 사랑했다는 일화들은 오자 정신의 한 핵심을 실천적으로 보여준다.

나아가는 원인이 되고, 조심(要)이라는 것은 사업을 보전하여 그것을 지키는 원인이 되는 것이니,[5] 만일 행함이 도(道)에 맞지 않고, 움직임이 의(義)에 맞지 않으면서, 큰자리에 앉고 높은 벼슬에 살면, 근심스런 일이 반드시 이를 것이다.

그러므로 성인(聖人)은 도(道)로써 천하를 편안하게 하고 의(義)로써 나라를 다스리며, 예(禮)로써 사람을 움직이게 하고 인(仁)으로써 백성을 어루만지나니, 이 네 가지 덕을 잘 닦으면 나라가 일어날 것이요, 이것을 버리면 나라가 쇠할 것이다. 그러므로 성(成)나라의 탕(湯)임금이 하(夏)나라의 걸(桀)을 치매, 하나라의 백성들이 기뻐하였고, 주(周)나라의 무왕(武王)이 은(殷)나라의 주(紂)를 치매 은나라 백성들이 무왕을 그르다 하지 않았으니, 이것은 그 치는 일이 하늘의 명령과 사람의 마음을 순하게 따랐으므로 능히 그렇게 되었던 것이다.

제3장

오자 이르기를, 무릇 나라를 제어하고 군사를 다스림에는, 반드시 예(禮)로써 가르치고 의(義)로써 격려하여 그들로 하여금 부끄러워하는 마음이 있게 할 것이니, 대개 사람으로서 부끄러워하는 마음이 있으면, 크게는 나아가 싸워서 죽을 수 있을 것이요, 적게는 물러나 지켜서 든든하게 할 수 있을 것이다.[6]

---

4) 국가가 전쟁을 벌이는 경우 그 동기를 합리화하는 것은 당연하다. 이는 명분 없는 싸움이 국민의 지지를 받을 수 없기 때문이다. 따라서 의(義)는 일을 행하고 공을 세우는 근본이 되는 것이다.
5) 여기에서 요(要)라는 것은 요약(要約)으로 사물이나 현상의 요점과 핵심을 파악하여 번잡하지 않은 것을 뜻한다.
6) 백성들이 부끄러움을 알면 죄를 범할 수 없을 뿐만 아니라 책임과

그러나 싸워서 이기는 것은 쉬운 것이요, 지켜서 이기는 것(싸우지 않고 이기는 것)은 어려운 것이다. 그러므로 이르기를, 천하에 싸움하는 나라로서 다섯 번 싸워 이기는 나라는 반드시 화를 받을 것이요, 네 번 싸워 이기는 나라는 반드시 피곤할 것이요, 세 번 싸워 이기는 나라는 패(霸 : 처음은 거짓으로 하고 나중에는 의義로써 하는 제후의 우두머리)가 될 것이요, 두 번 싸워 이기는 나라는 왕(王 : 하늘을 이어받아 세상을 어루만지는 임금)이 될 것이요, 한 번 싸워 이기는 나라는 제(帝 : 덕으로 천하를 모으는 임금)가 될 것이니, 그러므로 여러 번 싸워 천하를 얻은 사람은 드물고, 그로써 망한 사람은 많았던 것이다.

제4장

오자 이르기를, 무릇 전쟁이 일어나는 까닭이 다섯이 있으니, 첫째는 명예를 다툼이요, 둘째는 이익을 다툼이요, 셋째는 한 나라가 죄악을 쌓을 때요, 넷째는 한 나라에 내란이 있을 때요, 다섯째는 한 나라가 굶주릴 때이다.

또 그 군사의 이름에 다섯이 있으니, 첫째는 '의병(義兵)'이요, 둘째는 '강병(强兵)'이요, 셋째는 '강병(剛兵)'이요, 넷째는 '폭병(暴兵)'이요, 다섯째는 '역병(逆兵)'이라 하는 것이다.

사나움을 금하고 어지러움을 구원하는 것을 '의병'이라 하고, 군사의 많음을 믿어 남을 치는 것을 '강병(强兵)'이라 하고, 사사로운 분을 위하여 군사를 일으키는 것을 '강병(剛兵)'이라 하고, 예

의무를 충실히 완수하게 될 것이며 군사들은 용감히 싸우다 죽을망정 패주(敗走)하여 살아남으려는 생각을 갖지 않을 것이다. 손자가 세(勢)의 운용(用兵術)을 통해 병사들을 통어하려 한 반면 오자는 윤리적 심성에 호소하여 용맹심을 추동하고자 하였음을 알 수 있다.

(禮)를 버리고 이익을 탐하는 것을 '폭병'이라 하고, 나라가 어지럽고 백성이 피로한데 전쟁을 시작하여 뭇 사람을 출동시키는 것을 '역병'이라 하는 것이다.

이 다섯 종류의 군대에 항복받음에는 각각 그 길이 있으니, 의병은 반드시 예(禮)로써 항복받고, 강병(强兵)은 반드시 겸손으로써 항복받고, 강병(剛兵)은 반드시 사양으로써 항복받고, 폭병은 반드시 거짓으로써 항복받고, 역병은 반드시 꾀로써 항복받을 것이다.[7]

제5장

무후(武候 : 위문후의 아들) — 군사를 다스리고 사람의 재능을 헤아리고, 나라를 굳게 할 길이 어떠한고?

오기 — 옛날의 밝은 임금은 반드시 임금과 신하의 예(禮)를 삼가고, 윗사람과 아랫사람의 행동을 엄숙히 하며, 백성과 관리를 모아 편안하게 하여, 그 풍속을 따라 가르치고, 어질고 능력 있는 사람을 뽑고 모아 뜻밖의 일에 예비하였던 것이다.[8]

---

7) 오자는 전쟁의 원인을 다섯 가지로 나누고 저마다 다른 동기에서 일어난 전쟁에 대처하는 방법을 설명하고 있다.

의병(義兵)은 불의를 응징하기 위해 일어난 군대이기 때문에 이들을 물러가도록 하려면 잘못을 뉘우치는 예(禮)를 보여야 하고, 힘을 바탕으로 한 강병(强兵)에게는 제 힘을 누르고 겸손을 표시하여 해를 일단 피하고, 분노와 흥분 속에 있는 강병(剛兵)에게는 교묘한 언사로 달래는 유화정책을 쓸 것이며, 이(利)와 약탈을 위해 일어난 폭병(暴兵)에게는 거짓으로 속이고, 피폐한 중에 일어난 역병(逆兵)은 반드시 허점이 있을 것이기에 계략을 사용해서 진압하는 것이, 동기가 다른 다섯 가지 군대에 현명하게 대처하는 방법이다.

8) 오자병법의 한 원리를 보여주는 부분이다. 앞에서 오자는 평시에 백성들에게 수치를 알게 함으로써 윤리적 심성에 근거한 자발적 감투(敢鬪)

옛날 제(齊)나라 환공(桓公)은 재능 있는 군사 5만을 모아 제후의 우두머리가 되었고, 진(晉)나라 문공은 용맹하여 앞서는 군사 4만을 불러 천하에 뜻을 얻었고 진(秦)나라 목공(穆公)은 진(陣)을 함락시키는 군사 3만을 두어 이웃의 적에게 항복받았던 것이다. 그러므로 강한 나라의 임금은 반드시 그 백성을 잘 살펴 아나니, 백성 중에 담이 크고 힘이 센 사람이 있으면 그들을 모아 한 졸(卒 : 백 사람의 한 군대)을 만들고, 즐거이 나아가 싸워 그 힘으로 충성과 용맹을 나타내려 하는 사람이 있으면, 그들을 모아 한 졸(卒)을 만들고, 높은 곳을 넘고 먼 곳을 뛰어, 발이 가벼워 잘 달리는 사람이 있으면, 그들을 모아 한 졸(卒)을 만들고, 임금의 신하로서 그 지위를 잃어, 윗사람에게 공을 보이려는 사람이 있으면, 그들을 모아 한 졸(卒)을 만들고, 성을 버리고 지키는 자리를 떠난 군사로서, 그 부끄러움을 씻으려 하는 사람이 있으면, 그들을 모아 한 졸(卒)을 만드나니, 이 다섯 졸(卒)은 그 군대의 정묘륩고 날랜 군사가 되는 것이다.

이러한 군사 3천 명이 있으면, 안에서는 나아가 에워싸인 것을 풀 수 있을 것이요, 밖에서는 들어와 성을 무찌를 수 있을 것이다.

정신을 기대할 수 있다고 역설한 바 있는데 이러한 오자병법의 정신적 원리는 군사 선발에서도 동일하게 적용되고 있다. 오자는 군사를 선발하기에 앞서, 먼저 백성을 교화하여 인간의 도리를 알게 하고 덕치(德治)를 통해 애국심과 단결력을 스스로 갖게 한 다음 백성들이 자발적이고 적극적으로 군사 모집에 응하도록 하는 순서를 제시하고 있다.

손자가 용병술(用兵術)에 의한 세(勢)의 형성과 운용을 강조했다면 오자는 용심(用心)에 근거한 병법을 구사한다고 하겠다.

제6장

무후— 진을 치면 반드시 안정되고, 지키면 반드시 든든하고, 싸우면 반드시 이기는 법을 듣고자 하노라.

오기— 당장 보아서 알 수 있거니, 어찌 다만 들어서만 알 뿐이겠는가?[9] 임금이 능히 어진 이를 위에 있게 하고 어질지 않은 이를 밑에 있게 하면, 곧 진이 이미 안정된 것이요, 백성이 그 농사와 집일에 편안해하고 그 관리와 친하면, 곧 지킴이 이미 든든함이며, 백성이 다 내 임금을 옳다 하고 이웃나라를 그르다 하면, 곧 싸움에 이미 이긴 것이다.

제7장

무후, 일찍 어떤 일을 꾀할 때에, 여러 신하가 자기에게 미치지 못하였다. 조회(朝會)를 마친 뒤에 얼굴에 기쁜 빛을 띠었더니, 오기, 나아가 이르기를 옛날 초(楚)나라 장왕(莊王)이 일찍이 어떤 일을 꾀할 때에 여러 신하가 자기에게 미치지 못하거늘, 조회를 마

---

9) 전쟁의 외형적인 승패는 전투를 통해서 드러나지만 그 결과는 전투 전에 이미 결정된다. 1장의 첫머리부터 백성들의 화합이 전쟁의 승패를 결정한다는 오자의 견해는 무후의 질문에 대한 답변에서도 잘 나타난다. 승전의 비법을 당장 보아서 알 수 있다고 한 후에 정치 질서가 바로 정립되면 진이 이미 안정된 것이고 민심이 안정되면 수비 태세가 비로소 견고해진다고 주장한 것은 오자가 평시의 정치적 상황을 승패의 핵심요소로 규정하고 있음을 시사해준다. 이는 손자가 병법의 첫부분인「계편」에서 전전(戰前)에 오사(五事 : 道・天・地・將・法)를 비교하여 우세하면 전쟁에서 이긴다고 하고 따라서 이겨놓고 싸우라고 한 주장과 상통한다 할 수 있다.

'전쟁의 승패는 전쟁 전에 이미 결정된다'는 이러한 인식은 손오(孫吳) 병법의 공통 관점이라 하겠다.

친 뒤에 얼굴에 걱정하는 빛을 가졌더니 신공(申公 : 초楚의 한 고을지기)이 묻기를, 임금의 얼굴에 걱정하는 빛이 있으니, 무슨 까닭인고? 하였다. 장왕이 이르기를 내 듣건대 세상에 성인(聖人)이 끊이지 않고, 나라에 현인(賢人)이 모자라지 않아, 그 성인을 스승으로 할 수 있는 사람은 왕(王)이 되고, 그 현인을 벗으로 할 수 있는 사람은 패가 된다 하였으니, 이제 내 지혜롭지 못하거늘 여러 신하가 내게 미치지 못하니 초나라가 위태롭구나 하였다. 초나라의 장왕이 걱정한 것을 이제 당신은 기뻐하고 있으니, 내 남 몰래 두려워하는 바라 하였다.[10] 그러자 무후 부끄러워하는 빛을 띠었다.

---

10) 오자의 솔직대담한 성격과 재치 있는 화술이 잘 드러난 부분이다. 오자는 초나라 장왕(莊王)의 고사를 들어, 자신보다 뛰어난 신하가 없음을 보고 희색이 만면한 무후의 부덕을 날카롭게 비판하고 동시에 인재를 들어 쓰지 못하는 무후의 안목을 꼬집고 있다. 오자의 강직한 태도가 빛나는 대목이다.

第一　圖國

第一章

吳子曰 昔之圖國家者 必先教百姓 而親萬民 有四不和 不和於國 不可以出軍 不和於軍 不可以出陣 不和於陣 不可以進戰 不和於戰 不可以決勝 是以有道主 將用其民 先和而後造大事 不敢信其私謀 必 告於祖廟 啓於元龜[1] 參之天時 吉乃後舉 民知君之愛其命 惜其死 若 此之至 而與之臨難 則士以進死爲榮 退生爲辱矣

第二章

吳子曰 夫道者所以反本復始 義者所以行事立功 謀者所以違害就利 要[2] 者所以保業守成 若行不合道 擧不合義 而處大居貴患必及之 是 以聖人綏之以道 理[3]之以義 動之以禮 撫之以仁 此四德者 修之則興 廢之則衰 故成湯[4]討桀[5] 而夏民喜悅 周武[6]伐紂[7] 而殷人不非 擧順 天人 故能然矣

第三章

吳子曰 凡制國治軍 必敎之以禮 勵之以義 使有恥也 夫人有恥 在 大足以戰 在小[8]足以守矣 然戰勝易 守勝難 故曰 天下戰國 五勝者禍 四勝者弊 三勝者霸[9] 二勝者王 一勝者帝 是以數勝[10]得天下者稀 以 亡者衆

第四章

吳子曰 凡兵之所起者有五 一曰爭名 二曰爭利 三曰積惡 四曰內亂 五曰因饑 其名又有五 一曰義兵 二曰強兵 三曰剛兵 四曰暴兵 五曰

逆兵 禁暴救亂曰義 恃衆以伐四强 因怒興師四剛 棄禮貪利曰暴 國亂
人疲 擧事動衆四逆 五者之服 各有其道 義心以禮服 强必以謙服 剛
必以辭服 暴必以詐服 逆必以權服

第五章

　武候問曰 願聞治兵料人[11]固國之道 起對曰 古之明王 必謹君臣之禮
飾上下之儀 安集吏民 順俗而教 簡募良材 以備不處 苦齊桓[12]募士五
萬 以覇諸候 晋文[13]召爲前行四萬 以獲其志 秦穆[14]置陷陳三萬 以服
隣敵 故强國之君 必料其民 民有膽勇氣力者 秦爲一卒[15] 樂以進戰 効
力以顯其忠勇者 聚爲一卒 能踰高超遠 輕足善走者 聚爲一卒 王臣失
位 而欲見功 於上者 聚爲一卒 棄城去守 欲除其醜者 聚爲一卒 此五
者軍之練銳也 有此三千人 內出可以決圍 外入可以屠城矣

第六章

　武候曰 願聞陳必定 守必固 戰必勝之道 起對曰 立見且可 豈直聞
乎 君能使賢者居上 不肖者處下 則陳已定矣 民安其田宅 親其有司[16]
則守已固矣 百姓皆是君 而非隣國 則戰已勝矣

第七章

　武候嘗謀事 羣臣莫能及 罷朝而有喜色 起進曰 昔楚莊王[17]嘗謀事
羣臣莫能及 罷朝而有憂色 申公[18]問曰 君有憂色何也 曰寡人聞之
世不絶聖 國不乏賢 能得其師者王 能得其友者覇 今寡人不才 而羣臣
莫及者 楚國其殆矣 此楚莊王之所憂 而君說之[19] 臣窃懼矣 於是武
候有慚色

 1) 계어원귀(啓於元龜) : 원귀는 큰 거북으로, 고대 중국에서는 나라
에 대사가 있을 때 귀갑(龜甲)을 불에 태워 거기에 나타난 금을 보고

길흉을 점쳤음.

2) 요(要) : 요점을 파악하여 번잡하지 않은 것.

3) 이(理) : 치(治)와 같은 뜻으로 '다스리다'의 의미.

4) 성탕(成湯) : 은(殷)나라의 시조인 탕왕(湯王).

5) 걸(桀) : 하(夏)나라의 마지막 임금.

6) 주무(周武) : 주(周)나라 시조인 무왕(武王).

7) 주(紂) : 은(殷)나라의 마지막 임금.

8) 재대·재소(在大·在小) : 대·소(大·小)는 각각 '적극적'·'소극적'의 의미로 이해하는 것이 적절함.

9) 패(霸) : 힘으로 제후가 되는 것.

10) 삭승(數勝) : '數'의 음은 삭. 자주 승리함.

11) 요인(料人) : 사람의 재능을 알아본다는 것.

12) 제환(齊桓) : 제(齊)나라의 제후 환공(桓公)으로 춘추시대 오패(五霸) 중 한 사람.

13) 진문(晋文) : 진(晋)나라의 제후 문공(文公)으로 춘추시대 오패 중 한 사람.

14) 진목(秦穆) : 진(秦)나라의 제후 목공(穆公). 오패 중 한 사람.

15) 졸(卒) : 100명으로 구성된 편제 단위. 일설에는 600명이라고도 함.

16) 유사(有司) : 관리.

17) 초장왕(楚莊王) : 춘추시대 오패 중 한 사람.

18) 신공(申公) : 이름은 무신(巫臣). 초나라 장왕(莊王)의 신하.

19) 열지(說之) : 이를 기뻐함. '說'은 '悅'과 같은 뜻.

2. 요적(料敵)[1]

적국의 정세를 살펴 아는 법을 논한 것이다.

제1장

무후— 이제 진(秦)나라는 우리의 서쪽을 위협하고, 초(楚)나라는 우리의 남쪽에 이어 있고, 조(趙)나라는 우리의 북쪽을 찌르고, 제(齊)나라는 우리의 동쪽에 다다랐고, 연(燕)나라는 우리의 뒤를

---

1) 요적(料敵)이란 적의 강약과 허실을 헤아려 아는 것을 뜻한다. 이 편에서는 상대국의 군의 상태, 지세, 국민성, 정치, 경제, 사회 등 국가 전반에 걸쳐 허실(虛實)을 지적하고 적군 진영의 상태에 따른 대응법을 상세하게 기술함으로써 자국의 국가경영에 관한 도(道)를 내용으로 하고 있는 1편 「도국」에 호응하여, 이기기 위해서 먼저 '나와 적을 아는 것'이 중요함을 실제적으로 강조하고 있다.

끊고, 한(韓)나라는 우리의 앞을 막아서, 여섯 나라의 군사가 우리의 사면을 지켜 우리의 형세가 자못 편하지 못하니,[2] 이것을 걱정하여 어찌할꼬?

오기―대개 나라를 편안하게 하는 길은 먼저 '경계하여 미리 막음'이 보배가 되는 것인데, 이제 당신은 미리 경계하는 것을 보니, 재화(災禍)가 이미 멀었다 하겠다.[3] 내 이제 위의 여섯 나라의 풍속을 말해보리라.

대개 제(齊)의 진(陣)은 무거우나 굳지 못하고, 진(秦)의 진은 흩어져 스스로 싸우려 하고, 초(楚)의 진은 정리는 되었으나 오래가지 못하고, 연(燕)의 진은 넉넉히 지키기는 하나 나아가지 못하고, 삼진(三晉 : 조趙와 한韓의 진)은 다스려지기는 했으나 쓸 만한 힘이 없다 하겠다.

대개 제나라 사람은 성질이 단단하고, 또 나라는 넉넉하여 임금과 신하가 교만하고 사치하여 일반 백성을 가벼이 여기고, 그 정치는 느리어 녹(祿)이 고르지 못하며, 한 진에서 두 마음을 가져, 앞은 무겁고 뒤는 가벼우니, 그러므로 그 진이 무거우나 굳지 못하다

---

2) 여기에서 무후가 말한 여섯 나라에 위나라를 포함하여 일곱 나라를 전국칠웅이라고 부르고 진(晋)나라의 세 대부(大夫)가 세운 위·조·한을 삼진(三晉)이라 명명했다. 당시 지리적으로는 삼진을 가운데 두고 동에는 제(齊), 서에는 진(秦), 남에는 초(楚), 북에는 연(燕)이 대치하는 형국이었고 제후마다 패자(霸者)가 되기 위한 강병책 마련과 싸움으로 고심하고 있었다. 특히 강대국에 둘러싸인 삼진(위·조·한)은 그 지리적 조건으로 매우 지쳐 있는 상황이었다.

3) 적을 경계하는 것은 적을 파악하기 위한 첫걸음이다. 적을 경계한다는 것은 마음을 늦추지 않고 적정(敵情)을 주시한다는 것이고, 적정을 주시하는 것은 적을 아는 첫 단계로 적에 대한 대비를 도모할 수 있는 계기가 된다. 따라서 재화(災禍)는 이미 멀리 있다고 할 수 있다.

한 것이다. 이 진을 치는 법은 반드시 세 갈래로 나누게 하여 그 좌우를 빨리 치고 위협해 나가면 그 진을 부술 수 있을 것이다.

진(秦)나라 사람의 성질은 굳세고, 그 땅은 험하고, 그 정치는 엄하며, 그 상벌(賞罰)은 어김이 없고, 사람들은 사양할 줄 몰라 서로 싸우고자 하는 마음을 가졌으니, 그러므로 그 진이 흩어져 스스로 싸우려 한다 한 것이다. 이 진을 치는 법은 반드시 먼저 이익으로써 보여 거짓으로 물러나야 할 것이니, 군사가 이익을 탐하여 그 장수를 떠날 때, 우리는 그 서로 화하지 않은 때를 타서 그 어지러움을 빨리 치고, 복병을 두어 기다렸다가 기회를 보아 치면, 그 장수를 사로잡을 수 있을 것이다.[4]

초나라 사람의 성질은 약하고, 그 땅은 넓고, 그 정치는 어지러우며, 그 백성은 피곤하였으니, 그러므로 그 진이 정리는 되었으나 오래 가지 못한다 한 것이다. 이 진을 치는 법은 그 군사의 모인 곳을 엄습해 어지럽게 하여 먼저 그 기운을 빼앗고, 가벼이 나아가고 속히 물러나 다만 피곤하고 괴롭게 할 뿐, 더불어 다투어 싸우지 않으면, 그 군사를 패하게 할 수 있을 것이다.

연나라 사람의 성질은 정성되고 삼가며, 용기와 의리를 좋아하여

---

4) 진(秦)은 전국칠웅 중 최대 강국으로 각국은 진을 두려워하여 연합군을 편성하여 여러 번 공격하기도 하고, 진을 섬기기도 하는 등 실로 진은 전국시대의 역사를 주도한 나라였다. 이 진이 강대할 수 있었던 것은 국토가 험준한 산하로 둘러싸여 있다는 지리적 이점과 연좌제와 신상필벌 등에 의한 강력한 정치체제가 자리잡고 있었기 때문이었다. 오자는 이러한 진의 특수한 정치적 상황과 그로 인해 형성된 국민성을 허(虛)로 삼아 강국 진(秦)을 칠 수 있음을 설명하고 있다. 적의 군세(軍勢)가 흩어질 가능성을 찾아내는 오자의 안목과 전술의 탁월함이 돋보이는 대목이다. 이처럼 오자는 각국의 상황을 다각적인 관점에서 접근하여 허(虛)를 찾아냄으로써 이를 자신의 전략의 준거로 삼고 있다.

간사한 꾀가 적으니, 그러므로 그 진은 넉넉히 지키기는 하나 나아가지 못한다 한 것이다. 이 진을 치는 법은 혹 부딪쳐 위협하고, 혹 업신여겨 나아가다가 문득 물러나며, 혹 그 뒤를 엄습하면, 그 장수는 의심하고 그 군사는 두려워할 것이니, 우리의 차와 기병(騎兵)은 가만히 그 피해가는 길에 엎드려 있으면, 그 장수를 사로잡을 수 있을 것이다.

삼진(三晋)은 가운데 나라라. 그 성질은 부드럽고 그 정치는 고르며, 그 백성은 싸움에 시달리고, 군사는 병기(兵器)에 익어 그 장수를 가벼이 여기고, 그 녹(祿)은 엷어 군사가 죽을 뜻이 없으니, 그러므로 그 진이 다스려지기는 했으나 쓸 만한 힘이 없다 한 것이다. 이 진을 치는 법은 그 진에서 떨어져 세력으로 누르고, 그 군사가 오면 막고 가면 그 군사를 수고롭게 할 것이니, 그 형세가 그러한 것이다.[5]

그러면 우리 군사의 한 군대 만 명 중에는 반드시 호분(虎賁 : 범처럼 달리는 군사)의 선비가 있어, 힘은 솥(鼎) 들기를 가벼이 여기고, 발은 빨라 달리는 말을 가벼이 여기며, 적의 기를 빼앗고 적의 장수를 앗을 만한 유능한 사람이 있을 것이니, 이러한 무리들은 따로 뽑아 분별하고, 그들을 사랑하여 귀하게 여겨야 할 것이니, 이들을 일러 '삼군(三軍)의 목숨'이라 하는 것이다.

또 그 가운데 다섯 가지 병기(兵器)를 잘 쓰는, 재주 있고 힘세고 건장하고 빨라서, 그 뜻이 적을 삼킬 만한 사람이 있거든 반드

---

5) 오자의 병법은 과학적 실용성에 기초하고 있다. 그는 먼저 현실정에 근거한 자료에 기초하여 대비책을 강구하고 있는데, 그 정보 자료에 군의 상태·지리적 조건·국민성·정치·경제·사회 등 한 국가의 총체적 실태가 망라되어 있어 현실에 대한 오자의 안목이 전체적이고 다각적이면서 매우 치밀하다는 것을 확인할 수 있다.

시 그 계급을 올려 쓰면, 나아가 싸워 이길 수 있을 것이다. 또 이들의 부모와 처자를 두터이 대접하고 상으로써 권하고 벌로써 두렵게 하면 이들은 '진을 굳게 지킬 수 있는 군사'라, 적과 오래 버틸 수 있을 것이니, 장수로서 이들을 잘 살펴 쓰면, 그 수가 우리보다 곱되는 적이라도 넉넉히 칠 수 있을 것이다.

무후 — '옳다' 하였다.

제2장

오자 이르기를, 무릇 적을 헤아림에 있어서 점치지 않고도 싸울 수 있는 경우가 여덟이 있다.

첫째는 사나운 바람이 불고 날이 크게 추울 때, 적이 일찍 일어나거나 혹 일어나자 다른 곳으로 옮겨갈 경우, 얼음을 깨고 물을 건너거나, 큰 어려움도 꺼리지 않을 때요, 둘째는 한여름 불꽃처럼 더울 때, 적이 늦게 일어나 아직 정신을 차리지 못할 경우, 몰리고 달리고 주리고 목마르거나, 억지로 먼 길을 걸어온 때요, 셋째는 군사를 낸 지 오래되어 양식이 떨어지고, 백성이 원망하고 성내며, 요망한 징조가 자주 일어나도 윗사람이 그것을 그치게 하지 못할 때요, 넷째는 군중의 재산이 이미 다하고, 땔나무와 말먹이가 이미 모자라고, 하늘이 자주 흐리고 비가 잦아 물자를 구하려 하나 구할 곳이 없을 때요, 다섯째는 군사의 수가 적고 물이나 불이 편리하지 못하며, 사람과 말에 병이 돌고, 그 이웃의 구원이 없을 때요, 여섯째는 길은 멀고 해는 저물어 사졸들이 괴롭고 두려워하며, 또 피곤하고 배고파 무기를 풀어놓고 쉴 때요, 일곱째는 장수의 위엄이 엷고, 장교의 권세가 가벼우며, 병졸은 굳세지 못하고 삼군(三軍)이 자주 놀라며, 다른 군사의 구원이 없을 때요, 여덟째는 진을 미처 정하지 못하고, 병사(兵舍)를 지어 아직 마치지 못하고, 산을 오르고 험한 곳을 넘어 반은 나오고 반은 나오지 못한 때이니, 모든 이

러한 때는 마땅히 쳐서 의심하지 말 것이다.[6]

또 점치지 않고도 싸움을 피해야 할 경우가 여섯이 있다.

첫째는 땅이 넓고 크며 백성이 많음이요, 둘째는 윗사람이 아랫사람을 사랑하여 은혜가 두루 흘러퍼짐이요, 셋째는 상줌이 틀림없고 벌줌이 밝고, 또 그것이 반드시 그때를 얻음이요, 넷째는 싸움에 공이 있는 이는 계급을 높이고, 어진 이에게 일을 맡기고 능한 이를 들어 씀이요, 다섯째는 군사가 많고 무기가 정묘로움이요, 여섯째는 이웃의 도움이 있고 큰 나라의 구원이 있는 경우이다. 무릇 이러한 것이 적에게 뒤떨어질 경우에는 싸움을 피하여 의심하지 말 것이니, 이른바 옳다고 보면 나아가고 어려운 줄 알면 물러나는 것이다.[7]

---

6) 오자는 공격하면 이길 수 있는 경우로, 질풍대한(疾風大寒)에 움직일 때, 성하염열(盛夏炎熱)에 행동할 때, 원성이 높을 때, 군수물자가 다했을 때, 고립되어 있을 때, 무장을 풀고 쉬고 있을 때, 명령체계에 위엄이 없을 때, 진영을 제대로 갖추고 있지 못할 때 등 여덟 가지를 들고, 쳐서는 안 되는 경우로, 땅이 크고 부강한 나라, 사랑으로 국민을 다스리는 나라, 상벌이 공정하고 엄중한 나라, 인재를 적재적소에 배치한 나라, 군사력이 강하고 정예한 나라, 외교가 튼튼하고 대국을 우방으로 두고 있는 나라 등 여섯 가지를 꼽고 있다.

후자가 평시 치국(治國)의 도(道)를 제시한 것이라면 전자는 구체적인 전장 상황에서 특별히 주의를 요하는 경우를 든 것이라 할 수 있다.

이렇게 오자는 외형적인 상황이나 군사력의 우열뿐만 아니라 각국의 잠재적인 가치까지 전쟁의 영향 요소로 포함시키고 있어 그의 병법의 넓이와 깊이, 전체적 관점과 치밀함을 실감하게 한다.

7) '지피지기(知彼知己)면 백전불태(百戰不殆)'라는 손자병법의 핵심원리와 상통하는 부분이다. 먼저 나와 적의 상태를 알아야 나아가고 물러섬을 결정할 수 있는 것이다.

제3장

무후 — 내 적의 바깥을 보아 그 안을 알고, 그 나아감을 살피고 그 그치는 형세를 알아서 승부를 결정하고자 하노니, 그 법을 들을 수 있는가?[8]

오기 — 적의 나아옴이 경솔하고 동요하여, 다른 꾀와 생각이 없고 깃발이 얽히어 어지러우며, 사람과 말이 자주 서로 돌아보거든 내 하나로써 적의 열을 치더라도 반드시 그들을 어쩔 줄 모르게 할 수 있을 것이다. 또 여러 제후가 미처 다 모이지 못하고, 임금과 신하가 화합하지 못하며, 참호(塹壕)와 토성(土城)이 아직 되지 못하고, 금하는 법령과 시키는 명령이 시행되지 못하며, 삼군(三軍)이 놀라 두려워하여 나아가고자 하나 나아가지 못하고, 물러가고자 하나 물러가지 못하거든 절반의 병력으로써 갑절의 적을 쳐서 백 번 싸우더라도 위태하지 않을 것이다.

제4장

무후, 적을 반드시 칠 수 있는 법을 물으매, 오기 대답하기를, 무릇 군사를 씀에는 마땅히 적의 허(虛)와 실(實)을 알아서, 그 위급한 틈으로 달려들어야 하는 것이다.

적이 먼 길을 걸어 새로 와서 행렬이 아직 정해지지 못했으면 칠 수 있을 것이요, 막 식사를 마치고 아직 막을 계획을 세우지 못했으면 칠 수 있을 것이요, 병사들이 바쁠 때면 칠 수 있을 것이요, 사병이 시달렸을 때면 칠 수 있을 것이요, 지형의 편리를 얻지 못했으면

---

8) 무후의 이 질문은 첫머리에서 '전쟁을 좋아하지 않는다'고 한 위문후의 말에 '나는 나타난 것으로써 숨은 것을 점치고, 지난 일로써 오는 일을 살핀다(以見占隱 以往來察)'고 답하여 위문후를 꼬집었던 오자의 발언과 상통한다.

요적(料敵) 129

칠 수 있을 것이요, 때를 얻지 못했으면 칠 수 있을 것이요, 먼 길을 걸어 행렬이 닿지 못했으면 칠 수 있을 것이요, 물을 건널 때 반쯤 건넜으면 칠 수 있을 것이요, 험하고 좁은 길에 있으면 칠 수 있을 것이요, 깃발이 어지러이 움직이면 칠 수 있을 것이요, 진을 자주 옮기면 칠 수 있을 것이요, 장수가 병사들을 떠났을 때면 칠 수 있을 것이요, 군사들이 두려워하면 칠 수 있을 것이니, 대개 이런 것들은 날랜 군사를 뽑아 좌우를 찌르고 군사를 나누어 앞뒤로 이어, 급히 쳐 의심하지 말 것이다.

第二　料敵

第一章

　武候問吳起曰 今秦脅吾西 楚帶吾南 趙衝吾北 齊臨吾東 燕絶吾後 韓據吾前 六國兵四守 勢甚不便 憂此奈何 起對曰 夫安國家之道 先戒爲寶 今君已戒 禍其遠矣 臣請論六國之俗 夫齊陳重而不堅 秦陳散而自鬪 楚陳整而不久 燕陳守而不走 三晋[1)]陳治而不用 夫齊性剛 其國富 君臣驕奢 而簡於細民[2)] 其政寬而祿不均 一陳兩心 前重後輕 故重而不堅 擊此之道 必三分之 獵其左右 脅而從之 其陳可壞 秦性强 其地險 其政嚴 其賞罰信 其人不讓 皆有鬪心 故散而自戰 擊此六道 必先示之以利 而引去之 士貪於得 而離其將 乘乖獵散[3)] 設伏投機 其將可取 楚性弱 其地廣 其政騷 其民疲 故整而不久 擊此之道 襲亂其屯 先奪其氣 輕進速退 弊而勞之 勿與爭戰 其軍可敗 燕性慤 其民愼 好勇義 寡詐謀 故守而不走 擊此之道 觸而迫之 陵而遠之 馳後之 則上疑而下懼 謹我車騎 必避之路 其將可虜 三晋者中國也 其性和 其政平 其民疲於戰 習於兵 輕其將 薄其祿 士無死志 故治而不用 擊此之道 阻陳而壓之 衆來則拒之 去則追之 以倦其師 此其勢也
　然則一軍之中 必有虎賁之士[4)] 力輕扛鼎 足輕戎馬 搴旗斬將 必有能者 若此之等 選而別之 愛而貴之 是謂軍命 其有工用五兵[5)] 材力健疾 志在吞敵者 必加其爵列 可以決勝 厚其父母妻子 劢賞畏罰 此堅陳之士 可與持久 能審料此 可以擊倍 武候曰善

第二章

　吳子曰 凡料敵 有不卜[6)]而與之戰者八 一曰疾風大寒 早興寤遷 剖冰濟水 不憚艱難 二曰盛夏炎熱 晏興無閒 行驅飢渴 務於取遠 三曰

요적(料敵)　131

師旣淹久 糧食無有 百姓怨怒 妖祥數起 上不能止 四曰軍資旣渴 薪芻旣寡 天多陰雨[7] 欲掠無所 五曰徒衆不多 水地不利 人馬疾疫 四隣不至 六曰道遠日暮 士衆勞懼 倦而未食 解甲而息 七曰將薄吏輕 士卒不固 三軍數驚 師徒無助 八曰陳而未定 舍而未畢 行阪涉險 半隱半出 諸如此者 擊之勿疑

有不占而避之者六 一曰土地廣大 人民富衆 二曰上愛其下 惠施流布 三曰賞信刑察 發必得時 四曰陳功居列 任賢使能 五曰師徒之衆 兵甲之精 六曰四隣之助 大國之援 凡此不如敵人 避之勿疑 所謂見可而進 知難而退也

第三章

武候問曰 吾欲觀敵之外 以知其內 察其進 以知其止 以定勝負 可得聞乎 起對曰 敵人之來 蕩蕩[8]無慮 旌旗煩亂 人馬數顧 一可擊十 必使無措[9] 諸候來會 君臣未和 溝壘未成 禁令未施 三軍洶洶[10] 欲前[11]不能 欲去不敢 以半擊倍 百戰不殆

第四章

武候問敵必可擊之道 起對曰 用兵必須審敵虛實 而趨其危 敵人遠來 新至行列未定可擊 旣食未設備可擊 奔走可擊 勤勞可擊 未得地利可擊 失時不從可擊 涉長道 後行未息可擊 涉水半渡可擊 險道狹路可擊 旌旗亂動可擊 陳數移動可擊 將離士卒可擊 心怖可擊 凡若此者 選銳衝之 分兵繼之 急擊勿疑

1) 삼진(三晉) : 진(晉)은 후대에 와서 조(趙)·한(韓)·위(魏)의 세 나라로 분열했다. 이 삼국을 삼진(三晉)이라 함.
2) 간어세민(簡於細民) : 세민(細民)은 하층의 평민들. 즉 백성들의 일을 가벼이 여겨 마음을 쓰지 않는 것을 뜻함.

3) 승괴엽산(乘乖獵散) : 장수와 병졸의 사이가 벌어져 있음을 틈타 분산된 적을 쳐들어감.

4) 호분지사(虎賁之士) : 호랑이가 뛰는 것 같은 용사.

5) 오병(五兵) : 다섯 가지 무기로, 궁(弓:활)·수(殳:몽둥이)·도(刀:칼)·모(矛:창)·극(戟:미늘창)을 뜻함.

6) 복(卜) : 고대 중국에서는 전쟁과 같은 국가 대사를 앞두고 귀갑(龜甲)을 태워, 거기에 나타난 금을 보고 점을 쳐 결정하였음.

7) 음우(陰雨) : 장마철의 궂은비.

8) 탕탕(蕩蕩) : 경솔하게 행동하거나 동요하는 모습.

9) 무조(無措) : 손쓸 수 없어서 어찌할 바를 모르고 있는 상태.

10) 흉흉(洶洶) : 두려워 떠는 모양.

11) 전(前) : 진(進)과 같은 뜻으로 '나아가다'의 의미.

3. 치병(治兵)[1]

군사를 다스리어, 어지럽지 않게 함을 논한 것이다.

제1장
무후— 군사를 쓰는 도(道)에 무엇이 먼저일꼬?
오기— 먼저 네 가지의 가벼움과 두 가지의 무거움과 한 가지의 신(信)을 밝혀야 할 것이다.
무후— 무엇인고?

---

1) 치병(治兵)이란 군대를 잘 다스려 혼란이 없도록 하는 일이다. 오자는, 승리는 군대의 규모에 있지 않고 치병에 달려 있음을 강조하면서 군사들의 자발적인 의지를 유발하는 원리와 실전에 필요한 구체적 용병술, 말의 운용이나 보급의 중요성 등 군대를 통치하는 핵심적 원리를 이 편에서 설명하고 있다.

오기─땅은 말을 가볍다 하고 말은 차를 가볍다 하며, 차는 사람을 가볍다 하고 사람은 싸움을 가볍다 하는 것이다. 땅의 험하고 쉬운 것을 밝게 알면 곧 땅이 말을 가볍다 하는 것이요, 때를 맞추어 꼴을 먹이면 곧 말이 차를 가볍다 하는 것이요, 기름과 바퀴굴쇠가 모자람이 없으면 곧 차가 사람을 가볍다 하는 것이다.[2]

또 싸움에 나아가는 군사에게는 무거운 상을 주고, 싸움에서 물러나는 군사에게는 무거운 벌을 주고, 상과 벌을 행하되 반드시 신(信)으로써 할 것이니[3], 이것을 밝게 아는 것이 승리의 주장(主張)이 되는 것이다.

제2장
무후─전쟁에는 무엇으로 이기는고?
오기─다스림으로써 이기는 것이다.
무후─군사가 많은 데 있지 않은가?
오기─만일 법과 명령이 밝지 못하고, 상과 벌이 참되지 못하며 종을 쳐도 싸움을 그치지 않고, 북을 쳐도 나아가지 않으면, 비록 백만의 군사인들 무엇에 쓸 것인가?

---

2) 오자가 여기에서 말한 사경(四輕)이란 결국 군사들이 자신감을 가지고 싸움에 임하도록 하는 방법을 말하는데, 지형을 잘 알면 말이 잘 달리고, 말이 상태가 좋으면 수레를 가볍게 느끼고, 수레가 잘 구르면 사람이 가벼우며, 무기와 갑옷이 좋으면 병사들은 좋은 상태에서 싸움을 치를 것이므로 전투는 어렵지 않게 진행될 수 있다는 것이다. 즉 오자는 군사들이 싸움을 두려워하거나 크게 부담을 갖지 않도록 하기 위해 사전에 준비되어야 할 것을 사경(四輕)에서 피력하고 있다.
3) 상과 벌을 엄하게 다스려야 한다는 것이 이중(二重), 상벌을 공정히 시행해야 한다는 것이 일신(一信)이다.

이른바 '다스림'이라는 것은 평소에는 예(禮)가 있고, 움직이면 위엄이 있으며, 나아가면 아무도 당하지 못하고, 물러가면 아무도 따르지 못하며, 나아가고 물러남에 절제가 있고, 좌우로 움직임에 대장의 깃발을 따르며, 비록 끊어지게 되어도 진을 이루고, 비록 흩어지게 되어도 행렬을 이루며, 장수와 사병이 편안함을 같이하고, 장수와 사병이 위태함을 함께하며, 그 무리가 뭉쳐서 흩어지지 않고, 군사를 쓰되 고달프게 하지 않아서 군사가 어느 곳에 놓이든지 천하가 당해내지 못할 것이니, 이것을 일러 '부자(父子)의 군사'라 하는 것이다.[4]

제3장

오자 이르기를, 무릇 행군(行軍)의 도(道)에 있어서 나아가고 그침에 절차를 어김이 없게 하고, 먹고 마심에 적당한 도를 잃지 않게 하고, 사람과 말의 힘을 끊임이 없게 할 것이니[5], 이 셋은 윗사

---

4) 오자는 가장 이상적인 군대를 '부자지병(父子之兵)'으로 규정하고 있다. 엄격하고 위엄 있는 계급질서와 목숨을 바치는 용맹함, 기민하고 정연한 움직임 등을 통해서 오자가 궁극적으로 만들고자 하는 군대는 전 장병이 하나로 뭉쳐 생사고락을 함께 하는 '부자지병'이다. 끊을래야 끊을 수 없는 강한 인간적 유대를 바탕으로 하는 오자의 용병법(用兵法)은 군사들이 '그렇게 하지 않을 수 없도록 군세(軍勢)를 운용해야 한다'는 손자병법의 용병술과 비교할 때 가장 크게 두드러지는 차별점이다.

5) 오자는 병법의 여러 곳에서 '절도'를 대단히 강조하고 있다. 전진과 정지, 음식의 보급, 군사력의 유지를 절도 있게 하라는 것은 앞에서 상하체계나 명령의 하달과 복종, 군사의 움직임에 질서와 절제가 있어야 한다는 주장과 상통한다. 즉 오자는 자연스러운 상태를 승전을 위한 핵심적 원리로 파악하고 있는 것이다. 넘치거나 모자라지 않는 자연적 상태 유지와 충성심의 자발적인 유발, 오자병법은 바로 여기에 기초를 두고 있다.

람의 명령(令)이 행해지는 까닭이요, 윗사람의 명령을 행하면 다스림이 거기서 생기는 것이다. 만일 나아가고 그침에 법도가 없고, 먹고 마심이 적당하지 않으며, 말이 고달프고 사람이 피로하여도 안장과 갑옷을 풀고 쉬지 못하는 것은 그 윗사람의 명령이 행해지지 못한 것이니, 윗사람의 명령이 서지 않으면, 평소에는 어지럽고 싸우면 질 것이다.

제4장
오자 이르기를, 무릇 전쟁마당은 송장을 두는 땅이라, 죽기를 각오하면 살고, 요행 살려면 죽을 것이다. 그러므로 훌륭한 장수는 마치 물이 새는 배 안에 앉은 듯, 불이 붙는 집 안에 엎드린 듯하여, 적의 지혜로운 이도 그 꾀가 미치지 못하게 하고, 적의 용맹스러운 이도 그 성냄이 미치지 못하게 하는 것이니, 이에 적과 마주하여도 좋을 것이다.[6] 그러므로 이르기를 군사를 쓰는 해(害)에 머뭇거림이 가장 크고, 삼군의 재앙은 의심에서 생긴다 한 것이다.

제5장
오자 이르기를, 대개 사람은 항상 그 능하지 못한 데서 죽고, 그

---

6) 침몰해가는 배나 불붙는 집 속에 있는 사람에게는 일각의 여유도 없다. 이때는 전광석화와 같이 빠른 판단과 죽음을 두려워하지 않는 과감한 행동만이 위기로부터 탈출할 수 있는 방법이다. 싸움이 일어나기 전에는 많은 계획과 준비가 필요하지만 일단 전투가 발발하면 필사적인 의지와 과감한 행동이 중요한 것이다. 이는 손자가 「작전편」에서 졸속(拙速)이 교구(巧久)보다 낫다고 하여 전쟁을 빠르게 끝낼 것을 주장한 것과 상통한다. 시간을 다투는 위급한 상황에서는 **빠른 판단과 과감한 실천**이 가장 중요한 대처 방법이다.

편리하지 못한 데서 패하는 것이니, 그러므로 군사를 쓰는 법에는 '가르침'과 '경계함'을 가장 먼저로 하는 것이다.[7] 한 사람이 싸움을 배우면 열 사람을 가르쳐 이루게 할 수 있고, 열 사람이 싸움을 배우면 백 사람을 가르쳐 이루게 할 수 있고, 백 사람이 싸움을 배우면 천 사람을 가르쳐 이루게 할 수 있고, 천 사람이 싸움을 배우면 만 사람을 가르쳐 이루게 할 수 있고, 만 사람이 싸움을 배우면, 삼군을 가르쳐 이루게 할 수 있을 것이다.

우리의 가까움으로써 적의 멀리 오는 것을 기다리고, 우리의 편안함으로써 적의 고달픔을 기다리고, 우리의 배부름으로써 적의 굶주림을 기다려야 하는 것이다. 둥글게 진을 쳤다가 모나게 진을 치고, 혹 앉았다가 일어나게 하며, 혹 가다가 그치게 하고, 혹 왼쪽으로 향하다가 오른쪽으로 향하게 하며, 혹 나아가다가 물러나게 하고, 혹 흩어지게 했다가 모이게 하며, 혹 맺었다가 풀리게 하여, 이렇게 변할 때마다 언제나 익숙하게 한 뒤에야 비로소 무기를 줄 것이니, 이것을 '장군의 일'이라 하는 것이다.[8]

---

7) 이본(異本) 중에 경계함(戒)이 이루게 함(成)으로 기록된 것도 있다. (교성위선敎成爲先 : 가르쳐서 이루게 함을 먼저 한다.) 이후에 전개되는 내용으로 볼 때 계(戒)를 성(成)의 오기(誤記)로 보는 견해는 타당한 것이라 판단된다.

8) 오자는 여기에서 군사의 교육과 훈련에 관해 논하고 있다. 전장에서 자유자재로 전술을 구사하기 위해서는 '불능(不能)'과 '불편(不便)'의 상태를 극복해야 한다. 충분한 교육과 훈련을 통해 양성된 정병(精兵)은 무기나 지형, 전술이 몸에 익숙하게 배어 있는 군대다. 그래야만 적의 움직임에 민첩하고 적절하게 대응할 수 있는 것이다. 손자가 주로 세(勢)의 운용을 통해 정공(正攻)과 기공(奇攻)을 강조한 데 반해 오자는 군사들의 자질에 바탕한 용병술을 구사하는 것이 특징이다.

제6장[9]

오자 이르기를, 싸움을 가르치는 법에 키가 작은 사람은 세모창과 양지창을 가지게 하고, 키가 큰 사람은 활과 쇠뇌(弩)를 가지게 하며, 힘센 사람은 기장목과 깃대를 가지게 하고, 용기 있는 사람은 종과 북을 가지게 하며, 약한 사람은 말먹이와 음식을 대게 하고, 지혜 있는 사람은 꾀를 쓰는 참모가 되게 하여야 할 것이다.

한 고을과 마을을 서로 친하게 하고, 부대와 부대가 서로 보호하게 할 것이니, 북을 한 번 치면 군사를 정돈하게 하고, 북을 두 번 치면 진법을 연습하게 하며, 북을 세 번 치면 식사를 하게 하고, 북을 네 번 치면 행장을 단속하게 하며, 북을 다섯 번 치면 행렬에 나아가게 할 것이다. 그리하여 북 소리를 듣고 모인 뒤에야 비로소 기를 드는 것이다.

제7장

무후 — 삼군의 나아가고 그침에 또한 도(道)가 있는가?

오기 — 천조(天竈)를 만나 진 치지 말고, 용두(龍頭)를 당하여 진 치지 말 것이니, 천조라는 것은 골짝 어귀요, 용두라는 것은 산 끝을 이름이다.[10] 또 왼쪽은 청룡기(靑龍旗)요, 오른쪽은 백호기(白虎旗)요, 앞은 주작기(朱雀旗)요, 뒤는 현무기(玄武旗)며, 초요(招搖

---

9) 오자는 병사를 배치하는 기준으로 신체적 조건, 체력, 용기, 지혜를 들고, 장점을 살리면서 단점을 보완할 수 있는 방법을 구체적으로 제시하고 있다. 또한 작전의 능률을 위해 절도 있고 민첩한 행동을 훈련할 것을 강조하고 있다.

10) 천조(天竈)나 용두(龍頭)는 비좁고 험하며 지대가 낮아 적정을 살피기 곤란할 뿐만 아니라 적의 공격에 자유롭게 대응할 수 없기 때문에 진 치기에도 좋지 않은 곳이다.

: 북두칠성의 별 이름), 곧 중군기(中軍旗)는 위에 있고, 대장은 그 밑에 있어서 지휘를 하는 것이다.

장차 싸우려 할 때는 바람의 방향을 자세히 살필 것이니, 바람이 순하면 큰 소리를 치며 달려나갈 것이요, 바람이 역으로 불면 진을 굳게 하여 때를 기다릴 것이다.

제8장[11]
무후 — 말을 기르는 데 무슨 법이 있는가?
오기 — 대개 말은 그 있는 곳을 편안하게 하고 물과 풀은 적당하게 주며, 주리고 배부름을 알맞게 하며, 겨울에는 외양간을 따뜻하게 하고, 여름에는 그 집을 시원하게 하며, 털과 갈기를 솎아내고, 네 발톱을 조심스러이 깎아주며, 귀와 눈을 가려서 놀라 뛰지 말게 하고, 달리고 쫓기를 익히고, 나아가고 그치기에 익숙하게 하여, 사람과 말이 서로 친한 뒤에야 싸움에 쓸 수 있을 것이다.

또 말의 기구로서 안장과 굴레와 재갈과 고삐는 반드시 완전하고 튼튼하게 할 것이니, 대개 말은 그 헌 기구에는 상하지 않으나, 반드시 새 기구에 상하고, 주림에는 상하지 않으나 반드시 그 배부름에 상하는 것이다. 또 해가 저물고 길이 멀거든 반드시 타고 내리기를 자주 하여, 차라리 사람이 괴로울지언정 부디 말을 괴롭히지 말 것이니, 항상 그 힘을 남음이 있게 하여 적의 습격을 막게 할 이다. 이 이치를 밝게 알면 천하를 거침없이 다닐 수 있을 것이다.

---

11) 군마(軍馬)에 관한 기술은 다른 병법서에서는 찾아보기 힘든 내용이다. 말은 고대 전쟁에서 매우 긴요한 것으로, 이 대목은 오자병법의 중요한 특징인 구체적 실용성이 잘 반영된 부분이다.

第三 治兵

第一章
 武候問曰 用兵之道 何先 起對曰 先明四輕二重一信 曰何謂也 對曰 使地輕馬 馬輕車 車輕人 人輕戰 明知險易 則地輕馬 芻秣[1]以時 則馬輕車 膏鐧[2]有餘 則車輕人 鋒銳甲堅 則人輕戰 進有重賞 退有重刑 行之以信 審能達此 勝之主也

第二章
 武候問曰 兵何以爲勝 起對曰 以治爲勝 又問曰 不在衆乎 起對曰 若 法令不明 賞罰不信 金[3]之不止 鼓[4]之不進 雖有百萬 何益於用 所謂治者 居則有禮 動則有威 進不可當 退不可追 前却[5]有節 左右應 雖絶成陣 雖散成行 與之安 與之危 其衆可合 而不可離 可用不可疲 投之所往 天下莫當 名曰父子之兵

第三章
 吳子曰 凡行軍之道 無犯進止節 無失飲食之適 無絶人馬之力 此三者 所以任其上令 則治之所由生也 若進止不度 飮食不適 馬疲人倦 而不解舍[6] 所以不任其上令 上令旣廢 以居則亂 以戰則敗

第四章
 吳子曰 凡兵戰之場 止之地 必死則生 幸生則死 其善將者 如坐漏船 玄中 伏燒屋之下 使智者不及謀 勇者不及怒 受敵可也 故曰 用兵之害 猶豫[7]最大 三軍之災 生於狐疑[8]

第五章

吳子曰 夫人常死其所不能 敗其所不便 故用兵之法 敎戒爲先 一人學戰 敎成十人 十人學戰 敎成百人 百人學戰 敎成千人 千人學戰 敎成萬人 萬人學戰 敎成三軍 以近待遠 以佚待勞 以飽待飢 圓而方之 坐而起之 行而止之 左而右之 前而後之 分而合之 結而解之 每變皆習 乃授其兵 是謂將軍

第六章

吳子曰 敎戰之令 短者持矛戟 長者持弓弩 强者持旌旗 勇者持金鼓 弱者給廝養[9] 智者爲謀主 鄕里相比 伍相保 一鼓整兵 二鼓習陳 三鼓趨食 四鼓嚴辨[10] 五鼓就行 聞鼓聲合 無後擧旗

第七章

武候問曰 三軍進止 豈有道乎 起對曰 無當天竈[11] 無當龍頭 天竈者大 谷之口 龍頭[12]者大山之端 必左靑龍[13] 右白虎[14] 前朱雀[15] 後玄武[16] 招搖[17]在上 從事於下 將戰之時 審候風所從來 風順致呼而從之 風逆堅陳以待之

第八章

武候問曰 凡畜卒騎 豈有方乎 起對曰 夫馬必安其處所 適其水草 節其飢飽 冬則溫廄 夏則凉廡 刻剔[18]毛鬣 謹落四下[19] 其耳目 無令驚駭 習其馳逐 閑[20]其進止 人馬相親 然後可使 車騎之具 鞍勒銜轡 必令堅完 凡馬不傷於末 必傷於始 不傷於飢 必傷於飽 日暮道遠 必數上下 寧勞於人 愼勿勞馬 常令有餘 備敵覆我 能明此者 橫行天下

1) 추말(芻秣): 말의 먹이로 주는 풀과 곡식.
2) 고간(膏鐗): 수레바퀴 굴대에 기름을 칠하는 것.

3) 금(金) : 쇠종으로 전쟁에서 퇴각 신호에 이용.

4) 고(鼓) : 북으로 전쟁에서 전진 신호에 이용.

5) 전각(前却) : 전(前)은 진(進)과 같은 뜻. 전진과 퇴각.

6) 해사(解舍) : 갑옷이나 말안장을 풀고 쉬는 것.

7) 유예(猶豫) : 망설이고 결단하지 못하는 것.

8) 호의(狐疑) : 여우는 의심이 많아서 얼음판을 지날 때 귀를 기울여 얼음 밑에서 물 흐르는 소리가 들리지 않아야 건넌다는 데서 유래. 즉 의심이 많아 결정을 내리지 못하는 것을 이름.

9) 시양(厮養) : 시(厮)는 나무를 해오는 것. 양(養)은 음식을 만드는 것. 즉 시양은 잡역부와 취사부를 말함.

10) 엄판(嚴辨) : 판(辨)은 판(辦)과 같은 뜻으로 엄판은 행장을 갖춘다는 뜻.

11) 천조(天竈) : 부엌처럼 생긴 지형. 움푹 들어가고 삼면이 높은 곳.

12) 용두(龍頭) : 평지에 돌출한 큰 산의 끝으로 삼면이 낮은 곳.

13) 청룡(靑龍) : 동방의 신인 교룡(蛟龍)을 그린 기로 진영의 왼쪽에 세움.

14) 백호(白虎) : 서방의 신인 곰과 호랑이를 그린 기로 진영의 오른쪽에 세움.

15) 주작(朱雀) : 남방의 신인 주조(朱鳥)와 매를 그린 기로 진영의 정면에 세움.

16) 현무(玄武) : 북방의 신인 거북과 뱀을 그린 기로 진영의 후면에 세움.

17) 초요(招搖) : 북두칠성을 그린 기로 진영의 중앙에 세우고 장수가 그 밑에서 지휘, 명령했음.

18) 각척(刻剔) : 빗질하는 것.

19) 사하(四下) : 네 개의 말발굽.

20) 한(閑) : 연습시키다. 익숙하게 하다.

4. 논장(論將)[1]

장군의 도를 논한 것이다.

제1장

오자 이르기를, 대개 문(文)과 무(武)를 모두 갖춘 사람은 군(軍)의 장(將)이요[2], 굳셈과 부드러움을 겸하는 것은 싸움의 일이

---

1) 논장(論將)이란 지도자가 취해야 할 도리를 논한 것이다. 이 편에는 지도자가 갖추어야 할 조건과 통솔법, 그리고 적장을 판단할 수 있는 방법 등이 기술되어 있다.

2) 군대라는 대집단을 통솔·관리하는 것은 용기나 기백만으로는 가능하지 않다. 인간에 대한 통찰과 이해, 사회·정치·경제에 대한 지식, 상황에 대한 전체적 조망과 그에 따른 정확한 판단력, 조직관리능력 등 군의 지도자에게는 이러한 인문학적 능력도 군인으로서의 자질 못지않게 중요

다. 대개 사람들이 장수를 논할 때에 항상 그 용맹을 보지마는, 용맹이라는 것은 장수에 있어서는 그 몇분의 일밖에 되지 않는 것이다. 대개 용맹한 사람은 반드시 함부로 적과 맞붙으려 하는 것이니, 함부로 적과 맞붙어 무슨 이익이 있는가를 모르면 좋은 장수라 할 수 없는 것이다.

그러므로 장수로서 명심할 것이 다섯이 있으니, 첫째는 '다스림(理)'이요, 둘째는 '준비(備)'요, 셋째는 '과단(果)'이요, 넷째는 '조심함(戒)'이요, 다섯째는 '간략(約)'이라 하는 것이다.[3]

'다스림'이라는 것은 많은 군사를 다스림이 적은 군사를 다스리듯 함이요,[4] '준비'라는 것은 문에 나서면 적을 보는 듯 함이요,[5] '과단'이라는 것은 적에게 나아가 살기를 생각하지 않음이요,[6] '조심'이라는 것은 비록 이겨도 싸움을 시작하듯 함이요,[7] '간략'이라

하다. 게다가 전쟁이란 단순한 군사력만의 대결이 아니라 한 국가의 총력이 집중되는 장(場)이라는 점에서 전쟁을 주도하는 군의 지도자에게 문무(文武)의 능력이 요구되는 것은 당연하다.

3) 손자가 장수의 자질로 지(智 : 지혜)·신(信 : 믿음)·인(仁 : 어짐)·용(勇 : 용맹)·엄(嚴 : 위엄)을 꼽은 데 반해 오자는 이(理 : 조직관리능력)·비(備 : 준비)·과(果 : 과단성)·계(戒 : 조심함)·약(約 : 법령의 간소화)을 장수가 갖추어야 할 조건으로 들고 있다. 손자가 장수의 성품에 초점을 맞춘 반면 오자는 장수의 실제적 능력과 태도에 비중을 두고 있음을 알 수 있다.

4) 장수에게 다수의 군대도 소수처럼 통솔할 수 있는 조직관리 및 통솔능력이 필요함을 말한다.

5) 군문 밖을 나서면 적이 눈앞에 나타난 것처럼, 언제나 만반의 준비를 갖추어야 한다는 것이다.

6) 전장에서는 필사의 각오로 과감하게 전투를 수행하라는 것이다.

7) 이긴 뒤에도 자만하지 말고 처음에 싸움을 할 때처럼, 치밀한 계획과

는 것은 여러 가지 법령을 덜어서 번거롭지 않게 하는 것이다.[8]

　장수가 싸움에 나아가라는 임금의 명령을 받은 때는, 자기 집에 가서 하직하지 않고, 바로 전쟁에 나가 적을 쳐부순 뒤에 돌아와, 비로소 집에 가기를 청하는 것이니, 이것을 장수의 예(禮)라 하는 것이다. 그러므로 군사가 나아가는 날에는 장수에게는 죽는 영광이 있고, 요행 사는 부끄러움이 없는 것이다.

제2장

　오자 이르기를, 무릇 군사에 네 가지 기틀(중요한 조건)이 있으니, 첫째는 '기운의 기틀'이요, 둘째는 '땅의 기틀'이요, 셋째는 '일의 기틀'이요, 넷째는 '힘의 기틀'이라 하는 것이다.

　삼군의 무리와 백만 군사의 활동이 강하고 약한 것은 오로지 장수 한 사람에게 있는 것이니, 이것을 일러 '기운의 기틀'[9]이라 하는 것이요, 골이 좁고 길이 험하며, 유명한 산과 큰 요새(要塞)는 열 사람이 지켜 천 명의 군사가 지나가지 못하는 곳이니, 이것을 일러 '땅의 기틀'[10]이라 하는 것이요, 간첩을 잘 부리어 가벼운 군사로 오가게 하여 적의 무리를 흩어지게 하며, 그 임금과 신하가 서로 원망하게 하고 위와 아래가 서로 허물하게 하는 것이니, 이것

만반의 준비로 다음 전투에 대비하라는 것이다.

8) 법령과 군령을 간소화해서 명령을 받은 사람이 쉽게 내용을 알 수 있도록 하라는 것이다. 그래야만 병사들이 신속하고 민첩하면서 조직적으로 움직일 수 있게 된다.

9) '기운의 기틀(氣機)'이란 결국 군대를 움직이는 장수의 결의와 통솔력을 말한다.

10) '땅의 기틀(地機)'은 지리(地利), 즉 지형의 이점을 활용하는 것을 뜻한다.

을 일러 '일의 기틀'[11]이라 하는 것이요, 차는 바퀴와 굴대로써 튼튼하게 하고, 배는 노(櫓)로써 편리하게 하며, 병사는 진법에 익숙하고 말은 달리고 쫓기에 익숙하게 하는 것이니, 이것을 일러 '힘의 기틀'[12]이라 하는 것이다. 이 네 가지를 잘 알면 이에 장수가 될 수 있는 것이다.

또 그 장수는 위엄과 덕과 인(仁)과 용맹[13]이 넉넉히 아랫사람을 거느리고 뭇 사람을 편안하게 하며, 적을 두렵게 하고 의심을 결단해야 할 것이니, 그리하여 영을 베풀어 아래가 감히 어기지 못하고, 그가 가는 곳에는 적이 감히 대항하지 못해서, 그를 얻어 쓰면 나라가 강해지고, 그를 잃어 보내면 나라가 망할 것이다. 이를 일러 '좋은 장수'라 하는 것이다.

제3장

오자 이르기를, 대개 북과 종은 귀를 위복(威服)하기[14] 위함이요, 기와 큰 기는 눈을 위복하기 위함이요, 법령과 형벌은 마음을 위복하기 위한 것이니, 귀를 위복하는 것이라 그 소리 맑아야 하고, 눈을 위복하는 것이라 그 빛이 밝아야 하고, 마음을 위복하는 것이라

---

11) '일의 기틀(事機)'이란 적국의 교란을 위해 간첩과 게릴라 전술을 구사하는 것을 말한다.

12) '힘의 기틀(力機)'이란 전시에 군사력을 극대화할 수 있는 기동성을 갖추는 것을 말한다.

13) 오자는 앞에서 장수가 갖추어야 할 능력으로 사기(四機)를 제시하고 다시 위(威 : 위엄)·덕(德 : 덕)·인(仁 : 어짐)·용(勇 : 용맹)의 사덕(四德)을 덧붙임으로써 전장에서 직접적으로 필요한 전술운용능력과 전쟁수행에 필요한 정신력을 추동하게 하는 자질이 장수에게 동시에 있어야 함을 역설하고 있다.

14) 위복(威服)한다는 것은 위압하고 자극하여 복종하게 한다는 뜻이다.

그 형벌은 엄해야 할 것이다.[15]

이 세 가지가 바로 서지 못하면 비록 나라가 있으나 반드시 적에게 패할 것이다. 그러므로 이르기를, 장수의 명령은 그를 따라 행하지 않을 자 없고, 장수의 지휘에는 나아가 죽지 않을 자 없다는 것이다.

제4장[16]

오자 이르기를, 무릇 싸움의 요(要)는 반드시 먼저 적의 장수의 사람됨을 알고 그 재간을 살펴서, 그 정세를 따라 그때그때의 꾀를 쓰면, 곧 내 힘을 괴롭히지 않고 공을 이룰 수 있는 것이다. 그 장수가 어리석어 남을 잘 믿으면 거짓으로써 꾈 수 있고, 탐심이 많아 명예를 가벼이 여기면 재물로써 살 수 있고, 함부로 변하여 깊은 꾀가 없으면 괴롭혀서 곤하게 할 수 있는 것이다. 또 윗사람은 부하여 교만하고 아랫사람은 가난하여 원망하면, 사람을 사이에 두어 이간 붙일 수 있을 것이요, 나아가고 물러남에 의심이 많아 그 무리들이 의지할 데 없으면, 놀라 달아나게 할 수 있을 것이요, 사병이 그 장수를 가벼이 여겨 떠나고자 하면, 쉬운 곳은 막고 험한 곳을 열어 그들을 마주하여 칠 수 있을 것이다.

또 그의 나아오는 길은 쉽고 물러가는 길이 어려우면 그를 나아

---

15) 오자는, 명령은 명확하게 전달되어야 하고 명령의 수행 여부는 엄정해야 명령체계가 바로 설 것임을 역설하고 있다. 이것이 오자가 앞에서 신상필벌을 반복해서 강조한 이유라 할 수 있다.

16) 승전을 위해 중요한 두 가지 요건은 적장의 성격과 능력을 사전에 파악하고 적진의 위치나 배치 형태를 고려하여 그에 따른 전략·전술을 수립하는 일이다. 이 두 가지는 '적을 알고 나를 알기' 위한 선결조건이며 핵심사항으로서, 본장에서는 이에 관해 설명하고 있다.

오게 할 것이요, 나아오는 길은 험하고 물러가는 길이 쉬우면 달려들어 칠 수 있을 것이요, 땅이 낮고 진흙인 곳에 진을 치고 있어, 물이 흘러갈 데가 없으며 장마비가 자주 내리면 물을 대어 빠지게 할 수 있을 것이요, 거친 늪가에 진을 치고 있어 풀대와 덤불이 우거져 있고 모진 바람이 자주 불면 불을 놓아 칠 수 있을 것이요, 오랫동안 머물러 있어 이동하지 않고, 장교와 사병이 게을러 군중에 준비가 없으면 가만히 가서 엄습할 수 있을 것이다.

제5장

무후—두 군사가 서로 바라보고 있을 때, 내 그 장수를 몰라서 그를 알고자 하면 그 꾀가 어떠한고?

오기—미천하지만 용기 있는 사람을 시켜, 가볍고 날랜 군사를 거느려 시험하되,[17] 못 이기는 척 달아나기를 힘쓰고 맞붙기를 힘쓰지 말 것이다. 만일 적의 군사가 나아올 때에 혹 앉았다 일어났다 하되 그것이 절제가 있어 어지럽지 않고, 우리를 쫓아오되 거짓으로 따르지 못하는 듯 하며, 좋은 기회를 보고도 모르는 듯 하면, 이는 지혜로운 장수니, 더불어 맞붙지 말아야 할 것이다. 만일 그 군사들이 시끄러이 떠들고, 깃발이 얽히고 어지러우며, 그 사병이 마음대로 가고 마음대로 머물며, 그 군대가 혹 가로로도 있고 혹 세로로도 있으며, 그 쫓아오는 것이 미치지 못할까 두려워하고, 좋은 기회를 보면 얻지 못할까 두려워하면 이는 어리석은 장수이니, 아무리 그 군사가 많아도 이길 수 있을 것이다.

---

17) 계급이 낮더라도 용맹하고 민첩한 정예부대를 적진으로 나아가게 하여 그 반응으로 적장의 능력을 시험하는 것이다. 이들의 목적은 적의 정체 폭로에 있기 때문에 적과의 충돌을 피하고 되도록 적을 유인하면서 도망치는 전술을 써야 한다.

第四　論將

第一章

吳子曰 夫總文武者 軍之將也 兼强柔者 兵之事也 凡人論將 常觀於勇 勇之於將 乃數分之一耳 夫勇者必輕合[1] 輕合而不知利 未可也 故將之所愼者五 一曰理 二曰備 三曰果 四曰戒 五曰約 理者治衆如治寡 備者出門如見敵 果者臨敵不懷生 戒者雖克如始戰 約者法令省而不煩 受命而不辭家[2] 敵破而後言返 將之禮也 故師出之日 有死之榮 無生之辱

第二章

吳子曰 凡兵有四機[3] 一曰氣機 二曰地機 三曰事機 四曰力機 三軍之衆 百萬之師 張設[4]輕重 在於一人 是謂氣機 路狹道險 名山大塞 十夫所守 千夫不過 是謂地機 善行間諜 輕兵[5]往來 分散其衆 使其君臣相怨 上下相咎 是謂事機 車堅管轄 舟利櫓楫 士習戰陳 馬閑馳逐 是謂力機 知此四者 乃可爲將 然其威德仁勇 必足以率下安衆 怖敵決疑 施令而下不敢犯 所在而寇不敢敵 得之國强 去之國亡 是謂良將

第三章

吳子曰 夫鼙鼓金鐸[6] 所以威耳 旌旗麾幟[7] 所以威目 禁令刑罰 所以威心 耳威於聲 不可不淸 目威於色 不可不明 心威於刑 不可不嚴 三者不立 雖有其國 必敗於敵 故曰 將之所麾 莫不從移 將之所指 莫不前[8]死

第四章

吳子曰 凡戰之要 必先占⁹⁾其將¹⁰⁾ 而察其才 因其形 而用其權¹¹⁾ 則不勞而功擧 其將愚而信人 可詐而誘 貪而忽名 可貨而賂 輕變無謀 可勞而困 上富而驕 下貧而怨 可離而間 進退多疑 其衆無依 可震而走 士輕其將 而有歸志 塞易開險 可邀而取 進道易 退道難 可來而前 進道險 退道易 可薄而擊 居軍下濕 水無所通 霖雨數至 可灌而沿 居軍荒澤 草楚幽穢¹²⁾ 風飇數至 可焚而滅 停久不移 將士懈怠 其軍不備 可潛而襲

第五章
武候間曰 兩軍相望 不知其將 我欲相¹³⁾之 其術如何 起對曰 令賤而勇者 將輕銳 以嘗之務於北¹⁴⁾ 無務於得 觀敵之來 一坐一起 其政以理 其追北佯爲不及 其見利佯爲不知 如此將者 名爲智將 勿與戰也 若其衆讙譁 旌旗煩亂 其卒自行自止 其兵惑縱惑橫 其追北恐不及 見利恐不得 此爲愚將 雖衆可獲

1) 경합(輕合) : 경솔하게 대결함.
2) 사가(辭家) : 집에 들러 인사함.
3) 사기(四機) : 기(機)란 화살이나 돌을 쏘는 기계로, 여기에서는 어떤 결과를 가져오게 하는 원인을 뜻함. 따라서 사기(四機)는 네 가지 조건.
4) 장설(張設) : 활동하는 것.
5) 경병(輕兵) : 가볍게 무장한 군사.
6) 비고금탁(鼙鼓金鐸) : 비(鼙)는 기병이 말 위에서 치는 북, 고(鼓)는 일반 북, 금(金)은 징, 탁(鐸)은 큰 방울.
7) 정기휘치(旌旗麾幟) : 정(旌)은 깃대 위에 장식이 붙은 기, 기(旗)는 곰과 호랑이가 그려진 기로 장수의 표지로서 세운 기, 휘(麾)는 지휘나 신호에 쓰는 기, 치(幟)는 높이 올려 표지로 게양하는 기.

8) 전(前) : 진(進)과 같은 뜻으로 나아가는 것.
9) 점(占) : 추측하여 헤아림.
10) 기장(其將) : 적장을 가리킴.
11) 권(權) : 임기응변의 조치.
12) 유예(幽穢) : 어두울 정도로 초목이 우거진 모양.
13) 상(相) : 보는 것.
14) 무어배(務於北) : 도망하는 데 힘씀.

5. 응변(應變)[1]

그때그때에 따라 변화하는 것을 논한 것이다.

제1장

무후—우리의 차가 튼튼하고 말이 좋으며, 장수는 용맹스럽고 사병은 강한데, 갑자기 적을 만나 어지러이 행렬을 잃으면 어찌할꼬?

오기—무릇 싸움의 법이, 낮에는 여러 가지 깃발로써 목표를 삼

---

1) 응변(應變)이란 상황의 변화에 따라 적절하게 대응하는 것을 말한다. 전장(戰場)은 쌍방의 전투력뿐만 아니라 시간·장소·기후 등 여러 요소에 따라 상황이 수시로 변하기 때문에 그때그때 적절한 조치를 취해야 싸움에서 이길 수 있다. 10장에 걸쳐서 설명한 오자의 임기응변의 도는 상대의 심리를 이용한 궤계(詭計)를 중시하는 손자와 달리, 정세의 역학에 근거하여 전술을 구사하는 것이 특징이라 하겠다.

고 밤에는 북과 피리로써 절제를 삼는 것이니, 기를 왼쪽으로 두르면 왼쪽으로 가고, 오른쪽으로 두르면 오른쪽으로 가고, 북을 치면 나아가고 종을 치면 그치며, 한 번 불면 가고 두 번 불면 모이게 하여, 만일 영을 어기는 군사가 있으면 목을 벨 것이다.[2]

삼군이 위엄에 복종하고 사병이 명령을 따르면 싸워서 강한 적이 없고 쳐서 굳은 진이 없을 것이다.

제2장

무후 — 만일 적의 수가 많고 우리의 군사가 적을 때는 어찌할꼬?

오기 — 평탄한 땅에서는 피하고, 좁고 험한 곳에서는 마주할 것이니, 그러므로 이르기를, 하나로써 열을 침에는 좁은 길만큼 좋은 곳이 없고, 열로써 백을 침에는 험한 산만큼 좋은 곳이 없고, 천으로써 만을 침에는 막힌 곳만큼 좋은 곳이 없다 한 것이다.[3]

이제 적은 군사가 갑자기 일어나 좁은 길에서 종을 치고 북을 울

---

2) 정병(精兵)이 적과 조우해서 예측하지 못한 혼란에 빠질 때의 대응법을 묻는 무후의 질문에 오자는 정공법(正政法)을 그 대책으로 제시하고 있다. 평시에 훈련이 잘 된 군대라면 일시적인 혼란은 쉽게 통제할 수 있다는 오자의 답변은 무후의 질문을 빗겨 간 것으로 보이지만 이는 오자의 병법이 철저하게 정도(正道)에 기반하고 있음을 역설적으로 보여주는 것이다. 손자병법에는 허실(虛實)에 관한 논의와 허(虛)를 유발하는 방법에 대한 기술이 많은 반면 오자병법은 정공법과 그것을 위한 구체적인 준비 과정에 초점을 맞추고 있어 전자와의 차별점을 명확하게 드러내준다.

3) 병력의 열세를 보충하는 방법을 오자는 지형의 이점을 이용하는 것에서 찾고 있다. 이는 손자가 애형(隘形 : 산과 절벽으로 둘러싸여 있고 출입구가 비좁은 지형, 「지형편」 참조)에서는 적의 군사력을 무력화할 수 있고 소수의 병력으로도 다수의 병력을 수비할 수 있다고 설명한 부분과 상통한다.

리면, 비록 많은 군사라도 놀라서 움직이지 않을 수 없을 것이니, 그러므로 이르기를, 많은 군사를 쓰는 사람은 평탄한 곳을 찾기에 힘쓴다 한 것이다.

제3장

무후—적의 수가 많고 또 세력이 강하고 용맹스러우며, 뒤는 높고 큰 언덕을 등지고, 앞은 험하고 막힌 곳에 다다라 오른쪽은 산이요 왼쪽은 물이며, 깊은 참호(塹壕)와 높은 토성(土城)을 강한 쇠뇌(弩)로써 굳게 지키고, 물러갈 때는 산처럼 무겁고 나아갈 때는 바람비처럼 빠르며, 그 위에 또 양식이 많아, 그와 더불어 오래 버틸 수 없으면, 이런 때는 어찌할꼬?

오기—크도다, 그 물음이여! 이것은 다만 차와 기병(騎兵)의 힘만이 아니라, 성인(聖人)의 꾀가 있어야 할 것이다.

천 대의 차와 만 명의 기병(騎兵)에 보병(步兵)을 겸해서 다섯 대로 나누어, 한 대로 하여금 각각 한 길을 감당하게 하고, 다섯 대의 군사가 다섯 길을 감당하면 적이 반드시 의혹하여 우리가 어느 곳을 칠지 알지 못할 것이다. 적이 만일 굳게 지켜 그 군대를 든든히 하거든 우리는 급히 간첩을 부려 적의 생각을 살펴야 할 것이다. 적이 만일 우리 말을 들으면 군사를 풀어 돌아갈 것이요, 만일 우리 말을 듣지 않고 우리의 간첩을 죽이고 간첩이 가져간 글을 불사를 때는, 다섯 대의 군사가 다섯 길로 싸우되, 싸워서 이기더라도 따르지 말 것이요, 싸워서 지게 되면 빨리 달아날 것이다. 이렇게 하여 거짓 달아나 적을 꾀고 혹은 천천히 걷기도 하며, 혹은 빨리 치기도 할 것이니, 그리하여 한 대의 군사로 그 앞을 막게 하고 한 대의 군사로 그 뒤를 끊게 하며, 또 이 두 대의 군사가 갑자기 나아가 혹은 왼쪽으로 혹은 오른쪽으로 그 빈 곳을 엄습할 것이다. 이렇게 하여 다섯 대의 군사가 차례차례로 번갈아 나아가면 반드시

이익이 있을 것이니, 이것이 '강한 군대를 치는 법'이라 하는 것이다.[4]

제4장

무후 — 적이 가까이 와서 우리를 핍박할 때, 우리가 가고자 하나 길이 없고, 우리 군사가 몹시 두려워하면 어찌할꼬?

오기 — 이럴 때의 꾀는, 만일 우리 군사가 많고 적의 군사가 적으면 우리 군사를 나누어 번갈아 나아갈 것이요, 적의 군사가 많고 우리 군사가 적으면 그때를 따라 어떤 꾀를 써서 나아갈 것이니, 나아가기를 쉬지 않으면 적이 비록 많으나 항복받을 수 있을 것이다.[5]

제5장

무후 — 만일 깊은 산골짝에서 적을 만났을 때에 곁에는 험하고 막힌 곳이 많으며, 적의 수는 많고 우리의 수는 적을 때는 어찌할꼬?

오기 — 만일 높은 언덕이나 숲이 우거진 골짝이나 깊은 산이나

---

4) 여기에서 오자가 제시한 강한 적을 치는 방법의 요점은 강적을 그대로 그 요새에 두고 공격해서는 안 된다는 점이다. 회유와 유인책으로 적을 요새에서 끌어낸 다음 적을 나누어서 공격하는 것이 강적에 대응하는 오자의 전술이다.

5) 손자는 '무릇 싸움은 정(正 : 정공법)으로 나아가서 기(奇 : 기습공격)로써 이기며'(「세편」 참조), '병력이 모자라면서 버티는 것은 적에게 사로잡힌 바 될 것'(「모공편」 참조)이기 때문에 병력이 열세일 경우에는 되도록 전투를 피할 것을 권고한 반면, 오자는 적극적인 공세로 활로를 개척할 것을 주장하고 있다. 오자병법의 특징이 잘 드러난 부분이다.

큰 늪을 만나거든, 마땅히 빨리 걸어 바삐 떠나서 한 곳에 가만히 머물지 말 것이요, 만일 높은 산이나 깊은 골에서 갑자기 서로 만나거든, 반드시 북을 치고 고함을 질러 겁을 먹게 하고, 활과 쇠뇌를 잡아 혹 쏘기도 하고 또 사로잡아 적의 질서 있고 없음을 자세히 살펴, 만일 어지러우면 곧 쳐서 의심하지 말 것이다.[6]

제6장
무후 — 좌우에는 높은 산이요 땅은 몹시 좁은 곳에서, 갑자기 적을 만나 치고자 하나 칠 수 없고, 가고자 하나 갈 수 없을 때는 어찌할꼬?
오기 — 이것이 이른바 '골짝싸움'이라 하는 것이니, 비록 우리 군사가 많으나 다 쓸 수 없고, 다만 재주와 용기 있는 군사를 뽑아 적과 서로 맞서게 할 것이다. 그 중에서 잘 달리는 사람과 날카로운 무기를 가진 군사를 앞서게 하고, 차를 나누고 말탄 군사를 벌려놓아 사방에 숨어 있게 하고, 서로 떨어지기를 몇 리쯤 하여 한 사람의 군사도 적에게 보이지 않으면, 적은 반드시 진을 굳게 하여 감히 나아오고 물러가지 못할 것이다. 이에 우리가 깃발을 휘날리며 산 밖에 나와 진을 베풀면 적은 반드시 두려워할 것이니, 이때

---

6) 손자도 「행군편」에서 심산대택(深山大澤)에서는 머물지 말고 빨리 지나갈 것을 충고하고 있다. 오자는 만일 지나거나 퇴각이 불가능할 경우, 소리로써 아군의 사기를 고양하고 적에게 겁을 먹게 한 다음 과감하게 선공을 하라고 주장한다. 이러한 지형에서는 행동이 부자유스럽고 전술을 수행하기가 어렵기 때문에 병력의 많고 적음이 전투에 지대한 영향을 미치는 요소가 아니라는 것이다. 피아(彼我)가 모두 좋지 않은 상황에 있을 때는 군사들의 사기와 정확한 판단에 근거한 과감한 선공(先攻)이 승기(勝氣)를 잡을 수 있는 결정적 요인이 된다.

우리는 다시 차와 말 탄 군사를 내어 싸움을 돋우어 적으로 하여금 쉬지 못하게 할 것이다. 이것이 '골짝싸움'의 법인 것이다.[7]

제7장.
무후— 우리가 적과 더불어 큰 늪에서 만나, 수레바퀴가 기울고 말 멍에가 물에 빠져서, 물이 수레와 말을 치지마는 일찍 배를 준비하지 못하여 나아가지도 물러가지도 못할 때는 어찌할꼬?
오기—이것은 이른바 '물싸움'이라 하는 것이니, 수레와 말은 쓸 것 없이 그저 곁에 두고, 높은 데 올라 사방을 둘러보아, 그 물의 넓고 좁은 것과 깊고 옅은 사정을 자세히 살펴서 이에 묘한 꾀를 써서 적을 무찌를 것이다. 적이 만일 물을 건너거든 반쯤 건넜을 때를 보아 달려들어 쳐야 할 것이다.[8]

제8장
무후—여러 날로 장마가 계속하여 말이 물에 빠지고 차가 진흙

---

7) 골짜기에서는 다수의 병력을 충분히 활용할 수 없기 때문에 정병(精兵)을 선발해서 적과 대치하도록 하고 아군은 몇 개의 부대로 분산하여 산을 빠져나오게 한 후, 평지에 진을 쳐서 적을 집요하게 공격하면 승리할 수 있다는 것이 오자가 제시한 곡지전법(谷地戰法)이다.
8) 손자도 「행군편」에서 "물을 건너 진을 칠 때는 반드시 몸을 멀리할 것이요, 적이 물을 건너올 때는 건너기 전에 마주하지 말고 반쯤 건넜을 때 이것을 치면 이로울 것이다. 또 내 스스로 나아가 싸우려면 물을 너무 가까이하여 적을 대하지 말라" 하여 수전(水戰)에서의 응전법을 기술한 바 있다. 오자는 아군이 물에 있을 때는 먼저 물을 빠져나와, 지세를 살핀 다음 지세에 맞는 묘계를 세워 싸움에 임하고 적군이 물을 건널 때는 전진과 후퇴가 모두 어려운 중간지점에서 적을 치도록 하여 수전에서의 대책을 밝히고 있다.

에 머물러 있을 때, 사방으로부터 적의 공격을 받으면 삼군이 놀라서 떨 것이니 어찌할꼬?

오기 — 무릇 차를 씀에는, 날이 궂으면 멈추고 날이 마르면 일어날 것이요, 높은 곳은 좋다 하고 낮은 곳은 싫어하며,[9] 굳센 차를 몰아 혹 나아가고 혹 물러남에는 반드시 그 법을 따라야 할 것이니, 적이 만일 일어나 가거든 반드시 그 자취를 따라가야 할 것이다.[10]

제9장

무후 — 사나운 도둑이 갑자기 와서 우리의 논밭 곡식을 침략해 빼앗고, 우리의 마소를 앗아가면 어찌할꼬?

오기 — 사나운 도둑이 왔을 때는 반드시 그 세력이 강한 줄을 생각할 것이니, 잘 지키어 나아가 맞서지 말고, 날이 저물어 그들이 물러갈 때는, 그 행장은 무겁고 그 마음은 두려워, 서로 빨리 돌아가기를 힘씀으로써 그 행렬이 이어지지 않을 것이니, 그럴 때 쫓아가면 그 군사들을 뒤엎을 수 있을 것이다.[11]

---

9) 수레를 달리는 데는 높은 곳이 좋고 낮은 곳이 나쁘다는 것은 대체로 높은 지대는 건조하고 낮은 데는 땅이 질기 때문이다.

10) 장마철 위기상황에서의 수습책을 묻는 무후의 질문에 오자는 수레를 사용하는 원칙을 열거하는 것으로 답을 대신하고 있다. 이는 무후가 들고 있는 처지에서는 어떠한 대책도 가능하지 않음을 역설적으로 주장한 것이라 할 수 있다. 즉 병법의 정도를 지킨다면 그러한 곤경에 빠지는 일이 없다고 답함으로써 응변법이 없다는 것, 달리 말하면 예방하는 도리밖에 없음을 밝힌 것이다.

11) 약탈자는 날이 저물어 돌아갈 때, 약탈물 때문에 짐이 무겁고 추격을 당하지 않을까 하는 두려운 마음 때문에 급히 달아나려 하여 대오가 흩어지기 쉽다. 오자는 이때를 기다려 공격하라는 것이다. 손자도 이와 유사

제10장

오자 이르기를, 무릇 적을 치고 성을 에워싸는 법은, 성과 고을이 이미 다 부수어졌거든, 각기 그 궁전에 들어가서 높은 벼슬한 사람은 거느려 쓰고, 그들의 기구는 거두어둘 것이다. 군사가 가는 곳에는 나무를 꺾거나, 집을 못쓰게 하거나, 양식을 빼앗거나, 육축(六畜)을 죽이거나, 관청에 쌓아둔 재물을 불사르거나 하지 말 것이다. 그리하여 그 백성들에게 사나운 마음이 없음을 보일 것이요, 만일 항복을 청해오는 사람이 있거든 허락하여 편안케 해주어야 하는 것이다.[12]

한 주장을 「군쟁편」에서 다음과 같이 기술하고 있다. "대개 군사의 아침 기운은 날카롭고 낮 기운은 게으르며 저녁 기운은 고달픈 것이다. 그러므로 전쟁에 능한 사람은 그 날카로운 기운을 피하여 그 게으르고 고달픔을 치는 것이니, 이것이 사람의 기운을 지배하는 길이요……."

12) 이 부분은 오자가 1편인 「도국」의 첫머리에서 치국(治國)의 제1원리로 제시한 화(和)의 수평적 확대를 보여준다. 즉 인의(仁義)의 실천을 통해 적까지도 포용하는 화(和)의 확대를 이룸으로써 전쟁의 불씨마저 소멸시키려는 오자의 치국의 도(道)를 드러내준다.

이는 손자가 그의 병법의 「군쟁편」에서 "돌아가는 군사는 막지 말 것이요, 에워싸인 군사는 한 곳을 터줄 것이요, 갈 곳 없는 적은 너무 쫓지 말 것이니"라고 하여 최악의 상태에 놓인 적을 공격함으로써 뜻밖의 피해를 입을 수 있고, 한편으로는 적국의 백성들에게 새로운 전의를 갖게 할 수 있음을 경고한 부분과 상통한다.

第五　應變

第一章
武候問曰 車堅馬良 將勇兵强 卒遇[1]敵人亂而失行 則如之何 吳起對曰 凡戰之法 晝以旌旗旛麾[2]爲節[3] 夜以金鼓笳笛爲節 麾左而左 麾右而右 鼓之則進 金之則止 一吹而行 再吹而聚 不從令者誅 三軍服威 士博用命 則戰無强敵 攻無堅陳矣

第二章
武候問曰 若敵衆我寡 爲之奈何 起對曰 避之於易 邀之於易 故曰 以一擊十 莫善於阨[4] 以十擊百 莫善於險 以千擊萬 莫善於阻[5] 今有少卒 卒起擊金鳴鼓於阨路 雖有大衆 莫不驚動 故曰 用衆者務易 用少者取隘

第三章
武候問曰 有師甚衆 旣武且勇 背大[6]阻險 右山左水 深溝高壘 守以强弩 退如山移 進如風雨 糧食又多 難與長守 則如之何 起對曰 大哉問乎 此非車騎之力 聖人之謀也 能備千乘萬騎 兼之徒步 分爲五軍 各軍一衢 夫五軍五衢 敵人必惑 莫知所加 敵若堅守 以固其兵 急行間諜 以觀其慮 彼聽吾說 解之而法 不聽吾說 斬使焚書 分爲五戰 戰勝勿追 不勝疾走 如是佯北 安行疾鬪 一結其前 一絶其後 兩軍銜枚[7] 或左或右 而襲其處 五軍交至 必有其利 此擊强之道

第四章
武候問曰 敵近之薄[8]我 欲去無路 我衆甚懼爲之奈何 起對曰 爲此之術

若 我衆彼寡 分而乘之 彼衆我寡 以方從之 從之無息 雖衆可服

第五章
武候問曰 若遇敵於谿谷之間 傍多險阻 彼衆我寡 爲之奈何 起對曰 遇諸[9]丘陵林谷 深山大澤 疾行亟去 勿得從容[10] 若高山深谷 卒然[11]相遇 必先鼓譟而乘之 進弓與弩 且射且虜 審察其治亂 則擊之勿疑

第六章
武候問曰 左右高山 地甚狹迫[12] 卒遇敵人 擊之不敢 去之不得 爲之奈何 起對曰 此謂谷戰 雖衆不用 募吾材士 與敵相當 輕足利兵[13] 以爲前行 分車列騎 隱於四旁 相去數里 無見其兵 敵必堅陳 進退不敢 於是出旌列旆[14] 行出山外營之 敵人必懼 車騎挑之 勿令得休 此谷戰之法也

第七章
武候問曰 吾與敵相遇大水之澤 傾輪沒轅 水薄車騎 舟楫不設 進退不得 爲之奈何 起對曰 此謂水戰 無用車騎 且留其傍 登高四望 必得水情[15] 知其廣狹 盡其淺深 乃可爲奇[16]以勝之 敵若絶水[17] 半渡而薄之

第八章
武候問曰 天久連雨 馬陷車止 四面水敵 三軍驚駭 爲之奈何 起對曰 凡用車者 陰濕則停 陽燥則起 貴高賤下 馳其强車 若進若止 必從其道 敵人若起 必遂其迹

第九章
武候問曰 暴寇卒來 掠吾田野 取吾牛馬 則如之何 起對曰 暴寇之來必慮其强 善守勿應 彼將暮去 其裝[18]必重 其心必恐 還退務速 必有

不屬[19] 追而擊之 其兵可覆

第十章
吳子曰 凡攻圍城之道 城邑旣破 各人其宮[20] 御其祿秩[21] 收其器物 軍之所至 無刊其木 發其屋[22] 取其粟 殺其六畜 燔其積聚 示民無殘心 其有請降 許而安之

1) 졸우(卒遇) : 갑자기 만남. 즉 적의 기습을 받음.
2) 번휘(旛麾) : 번(旛)은 기폭이 아래로 늘어진 기, 휘(麾)는 지휘용 기.
3) 절(節) : 절제함. 지휘함.
4) 애(阨) : 좁고 험한 곳.
5) 조(阻) : 막히고 험한 곳.
6) 배대(背大) : 큰 산을 등지고 있음.
7) 함매(銜枚) : 재갈을 말에 물림.
8) 박(薄) : 박(迫)과 같은 뜻으로 '가까이 다가오다'.
9) 제(諸) : 무릇, 만약.
10) 종용(從容) : 어물어물하는 것, 느릿느릿하는 것.
11) 졸연(卒然) : 마침내, 졸지에.
12) 협박(狹迫) : 비좁음.
13) 경족이병(輕足利兵) : 걸음이 빠른 군인과 예리한 무기.
14) 패(斾) : 여러 가지 색깔의 기.
15) 수정(水情) : 물의 실정.
16) 기(奇) : 정공법(正攻法)이 아닌 전술.
17) 절수(絶水) : 물을 건너는 것. 절(絶)은 도(渡)와 같은 뜻으로 '건너다'.
18) 장(裝) : 짐. 즉 약탈한 물건.

19) 불속(不屬) : 연속되지 않음. 사이가 끊어짐.

20) 궁(宮) : 고대 중국에서는 귀인(貴人)의 집을 궁(宮)이라 하였음. 따라서 여기에서의 궁(宮)은 왕실의 궁전을 포함하여 관청, 귀족계급의 집을 총칭하는 것으로 보는 것이 타당함.

21) 녹질(祿秩) : 원뜻은 나라에서 봉급으로 주는 쌀을 가리키지만 여기에서는 그것을 받는 사람, 즉 관리를 뜻함.

22) 발기옥(發其屋) : 그 집을 부수는 것.

6. 여사(勵士)[1]

군사를 격려하는 법을 논한 것이다.

제1장

무후—벌을 엄하게 하고 상을 밝히면, 그것으로써 넉넉히 싸움에 이길 수 있는가?

오기—벌을 엄하게 하고 상을 밝히는 일은 나로서는 자세히 말할 수 없으나, 그러나 그것만 믿을 바는 아닌가 하나니, 대개 명령을 내리고 법을 베풀 때 백성들이 그것을 듣기를 즐겨하고, 싸움을 일으켜 대중을 움직일 때 백성들이 나아가 싸우기를 즐겨하며, 전

---

1) 여사(勵士)란 병사를 격려한다는 뜻으로 이 편에서 오자는 공에 따라 대우에 차등을 둠으로써 병사들의 사기를 앙양하고 자발적인 전투의지를 고양할 수 있음을 강조하고 있다.

쟁이 시작되어 칼날이 맞닿을 때 군사가 죽기를 즐겨한다면, 이 세 가지야말로 임금으로서 믿을 만한 것이다.[2]

무후―어찌하면 그렇게 될꼬?

오기―임금이 공 있는 이는 들어 잔치를 베풀고, 공 없는 이는 격려하면 될 것이다.

이에 무후, 사당 뜰에 자리를 베풀되 석 줄로 하고, 사대부(士大夫)를 위하여 잔치를 베풀었다. 제일 공이 많은 이는 앞줄에 앉히고, 그 안주자리에는 귀중한 그릇과 소나 돼지나 염소 요리를 놓고, 그 다음 공 있는 사람은 가운뎃자리에 앉히어, 그 안주자리에는 요리를 조금 감하고, 공 없는 사람은 뒷줄에 앉히어, 그 안주자리에는 귀중한 그릇은 쓰지 않았다. 그 잔치를 마치고는, 다시 공 있는 이의 부모와 처자는 사당문 밖에서 요리를 나누어 주니, 또한 그 공을 따라 등급이 있었다. 또 나라를 위하여 죽은 사람이 있는 집에는 해마다 사자(使者)를 보내어, 그 부모를 위로하고 물품을 주니, 이것은 마음에 잊지 않음을 나타낸 것이었다.

이렇게 한 지 3년 만에 진(秦)나라 사람이 군사를 일으켜 서하(西河 : 위나라의 땅)로 쳐들어오니, 위나라 백성이 이 소식을 듣자, 정부의 명령을 기다리지 않고 각각 갑옷과 투구로써 떨쳐 나와 싸

---

2) 오자는 신상필벌이 승전을 위한 충분조건이 될 수 없음을 밝히고 「치병편」에서 주장한 '부자지병(父子之兵)'의 원리를 다시 한번 역설하고 있다. 평소 인의(仁義)에 바탕한 화합의 정치 실현, 그를 통해 성취한 끊을 수 없는 강한 인간적 유대야말로 오자가 승전의 필수조건으로 제시한 핵심요소이다. 이는 오자가 병법의 첫머리에서 주장한 화(和), 즉 정신적 결합을 통한 국민들의 자발적이며 능동적인 참여의지를 거듭 강조한 것이다. 이 점이 세(勢) 운용을 통해 군사들을 '그렇게 하지 않을 수 없는 상태에 처하게 하라'는 손자병법의 용병술과의 차이점이다.

우는 사람이 만을 헤아렸다.

제2장

무후, 오기를 불러 이르기를, 그대의 이전의 가르침이 이제 행해졌다 하였다. 오기 대답하기를, 내 들으니 사람에게는 단점과 장기(長技)가 있고, 기운에는 성하고 쇠할 때가 있다 하니, 당신은 시험 삼아 공 없는 군사 5만 명만 내게 내어주시면, 내 그들을 거느리고 나아가 적을 당해낼 것이다.[3] 만일 나아가 싸움에 이기지 못하면 모든 제후에게 웃음을 사고 천하에 권세를 잃을 것이다.

이제 죽기로 각오한 한 사람의 도둑을 시켜 넓은 들에 엎드리게 해놓고, 천 사람으로 이것을 쫓게 하면, 누구나 올빼미처럼 사방을 둘러보고, 이리처럼 뒤를 돌아보지 않을 이 없을 것이니, 왜 그런고? 그 도둑이 갑자기 일어나 자기를 해칠까 두려워하는 까닭인 것이다. 그러므로 한 사람이 목숨을 던지면 천 사람을 두렵게 하는 것이니, 이제 내 5만의 무리를 죽기로 각오한 한 사람처럼 만들어, 이들을 거느리고 나아가 치면, 진실로 당할 이 없을 것이다. 무후

---

3) 오자는 공을 세워보지 못한 자들을 전쟁에 참여하게 함으로써 그들에게 자신의 수치를 만회할 기회를 제공한다면 그들은 죽음을 두려워하지 않고 전투에 임할 것이므로 싸움에서 승리할 수 있다고 주장한다. 물론 이는 국민들이 평소 나라에 대한 고마움을 갖는 것을 전제로 한다. 이러한 오자의 주장은 이미 병법의 첫머리인 「치국편」에서 밝힌 바 있다. "무릇 나라를 제어하고 군사를 다스림에는 반드시 예로써 가르치고 의로써 격려하여 그들로 하여금 부끄러워하는 마음이 있게 할 것이니 대개 사람으로서 부끄러워하는 마음이 있으면, 크게는 나아가 싸워서 죽을 수 있을 것이요, 적게는 물러나 지켜서 든든하게 할 수 있을 것이다." 앞에서도 설명한 것처럼 결론적으로, 오자가 강조한 승전의 원동력은 백성들을 감화시키는 '감동의 정치'인 것이다.

그 말을 좇아 5만 명의 군사와 차 5백 대와 말 3천 필을 주어 진(秦)의 5십만 군사를 부수었으니, 이것은 군사를 격려한 공이었다.

싸움에 나가기 하루 앞서 오기가 삼군에 명령하기를, 모든 장교와 사병들은 각각 자기의 할 바를 따라, 적의 차와 말탄 군사와 보병과 맞싸우되, 만일 차를 쓰는 군사로서 적의 차를 앗지 못하고, 말탄 군사로서 적의 말탄 군사를 앗지 못하고, 보병된 군사로서 적의 보병을 앗지 못하면, 비록 적군을 부수더라도 공이 없을 것이다 하였다. 그리하여 싸움하는 날, 그 명령은 까다롭지 않았으나 그 위엄은 천하를 떨쳤던 것이다.[4]

---

4) 오자는 병사들에게 그들에 맞는 뚜렷하고도 간략한 전투 목표를 제시해줌으로써 그가 「논장편」에서 제시한 장수의 자질, 즉 약(約 : 명령을 간소화하는 것)을 실천적으로 증명한 것이다.

第六 勵士

第一章

　武候問曰 嚴刑明賞 足以勝乎 起對曰 嚴明之事 臣不能悉 雖然非所恃也 夫發號施令 而人樂聞 興師動衆 而人樂戰 交兵接刃 而人樂死 此三者 人主之所恃也 武候問曰 致之奈何 對曰君擧有功 而進饗之 無功而勵之 於是武候設坐廟庭 爲三行饗士大夫 上功坐前行 餚席兼重器上牢[1] 次功坐中行 餚席器差減 無功坐後行 餚席無重器饗畢而出 又頒賜有功者父母妻子於廟門外 亦以功爲差 有死事之家 歲遣使者 勞賜期父母 著不忘於心 行之三年 秦人興師臨於西河 魏士聞之 不待吏之令 介冑[2]而奮擊之者 以萬數

第二章

　武候召吳起而謂曰 子前日之教行矣 起對曰 臣聞人有短長 氣有盛衰君 試發無功者五萬人 臣請率而當之 脫[3]其不勝 取笑於諸候失權於天下矣 今使一死賊伏於壙野 千人追之 莫不梟視狼顧[4] 何者 恐其暴起而害己也 是以一人投命 足懼千夫 今臣以五萬之衆 而爲一死賊 率以討之 固難敵矣 於是武候從之 兼軍五百乘 騎三千匹 而破秦五十萬衆 此勵士之功也 先戰一日 吳起令三軍曰 諸吏士當從受敵車騎與徒 若車不得車 騎不得騎 徒不得徒 雖破軍皆無功 故戰之日 其令不煩而威震天下

1) 상뢰(上牢) : 소·양·돼지고기로 만든 최고급의 요리.
2) 개주(介冑) : 갑주(甲冑)와 같음. 갑옷과 투구.
3) 탈(脫) : 만약, 혹시.

4) 효시낭고(梟視狼顧) : 올빼미처럼 두리번거리고, 이리처럼 자주 돌아봄. 즉 두리번대며 두려워하는 모습을 말함. 올빼미는 낮이면 보이지 않아서 자주 주위를 둘러보고, 이리는 경계하느라 자주 뒤를 돌아보는 생태를 갖고 있는 데서 유래.

제3부

손자・오기열전
(孫子吳起列傳)

손자·오기열전(孫子吳起列傳)

믿음(信)·청렴(廉)·어짊(仁)·용기(勇)를 갖춘 사람이 아니면 병법과 검법을 논할 수 없다. 병법은 대도(大道)와 합치되어야, 안으로는 수신하고 밖으로는 변화(變)에 응할 수 있다. 그러기에 군자는 병법을 덕에 비유하는 것이다. 이에 제오(第五)에서 「손자·오기열전」을 서술하였다.

— 태사공 자서(太史公自序)

손자(孫子)는 이름이 무(武)로 제(齊)나라 사람이다. 병법을 가지고 오왕(吳王) 합려(闔廬)를 뵈었다. 합려가 말하기를
"그대의 병법 13편을 다 보았다. 군내를 실제로 지휘히는 것을 보여줄 수 있겠는가?" 손자가 대답했다.

"좋습니다."

"여자들이라도 상관없겠는가?"

"상관없습니다."

이리하여 합려는 궁중의 미녀들을 나오게 하여 180명이 모였다. 손자는 그들을 두 대(隊)로 나누고 임금이 총애하는 궁녀 두 사람을 각각 대장(隊長)으로 삼고 모두에게 창을 들게 한 다음 명령하였다.

"너희들은 가슴과 좌우의 두 손과 등을 알겠지?"

여자들이 안다고 대답하자 손자는 말하였다.

"그러면 '앞으로' 하면 가슴을 보고, '왼쪽으로' 하면 왼손을 보고, '오른쪽으로' 하면 오른손을 보고, '뒤로' 하면 등을 보아라."

"알겠습니다."

이렇게 약속을 정한 뒤에 손자는 부월(鈇鉞)[1]을 준비해놓고 여러 번 반복해서 명령을 설명하였다.

그리고는 북을 치고 "오른쪽으로" 하고 명령하자 여자들은 웃기만 하였다.

손자가 말하기를

"약속이 분명하지 않고 명령이 철저하지 못한 것은 장수의 죄다"라 하고 다시 여러 번 명령하고 설명한 다음 "왼쪽으로" 하고 북을 치니 여자들이 또 크게 웃기만 하였다.

이에 손자가 말하였다.

"약속이 분명하지 않고 명령이 철저하지 못한 것은 장수의 죄지만 이미 약속이 분명한데도 규정대로 하지 않는 것은 대장된 자의

---

1) 부월(鈇鉞) : 형구(刑具)로써 작은 도끼와 큰 도끼를 말하는데, 옛날 임금이 장수나 제후에게 군사들에 대한 생살권(生殺權)을 부여하는 상징으로 직접 전달하였던 물건.

죄다." 하고 좌우의 두 대장을 베어 죽이려 하였다.

오왕이 대(臺) 위에서 앉아 보다가 손자가 자기의 총애하는 여자를 베려는 것을 보고 크게 놀라 전령을 시켜 영(令)을 내리기를

"과인은 이미 장군이 용병 잘하는 것을 알았다. 과인은 두 여인이 없으면 밥을 먹어도 맛이 나지 않으니 베지 말기를 바란다"라고 하였다.

그러나 손자는

"신(臣)은 이미 명령을 받아 장수가 되었습니다. 장수는 군중(軍中)에서는 임금의 명령을 받지 않을 수도 있습니다"라고 답하고, 드디어 대장 두 사람의 목을 베어 군중에 돌려 보였다. 그리고 그 다음으로 사랑하는 여자를 뽑아 대장을 삼고 북을 치자 여자들은 왼쪽·오른쪽·앞·뒤·무릎 꿇고 일어서는 것을 모두 자로 재고 먹줄을 친 것처럼 하여, 웃기는커녕 아무 소리마저 내지 못했다.

손자는 전령을 왕에게 보내 보고하였다.

"군사들이 이미 정돈되었습니다. 왕께서 내려오셔서 보십시오. 왕께서 쓰기를 원하신다면 물, 불 속으로 뛰어들라고 하여도 그대로 될 것입니다."

오왕이 말하였다.

"장수는 그만 끝내고 숙사로 들어가 쉬도록 하라. 과인은 내려가 보기를 원치 않는다." 이에 손자가

"왕께서는 다만 병법에 관해 의논하기를 좋아할 뿐 병법을 직접 쓰지는 못하시는군요" 하고 말했다.

이리하여 합려는 손자의 용병 능력을 인정하고 드디어 그를 장군으로 등용하였다.

오(吳)나라가 서쪽으로 강국 초(楚)나라를 꺾어 그 수도인 영(郢)을 점령하고, 북쪽으로 제(齊)와 진(晉)을 위협하여 그 이름을 제후 사이에 알린 것은 손자의 힘이 컸다.

손자(孫武)가 죽은 뒤 백여 년이 지나 손빈(孫臏)이 나타났다. 손빈은 제(齊)나라의 아(阿)·견(甄) 두 마을의 중간 지점에서 태어났다. 손무의 후손으로 일찍이 방연(龐涓)과 함께 병법을 배웠다.

방연은 이미 위(魏)나라에서 벼슬하여 혜왕(惠王)의 장수가 되었으나 자신의 재능이 손빈에 미치지 못한다고 생각하고 몰래 사람을 시켜 손빈을 불러들였다.

손빈이 오자 방연은 그가 자기보다 뛰어난 것을 두려워하고 미워하여 죄를 뒤집어 씌우고, 벌로 두 다리를 자르고 자자형(刺字刑)[2]을 가해 그가 숨어 세상에 나오지 못하게 하려 하였다.

그 뒤 제(齊)나라 사자(使者)가 위나라의 수도 양(梁)을 방문하자 손빈은 몰래 그를 만나 이야기를 나누었다. 제나라 사자는 손빈을 기재(奇才)라 여겨 자기의 수레에 몰래 태우고 함께 제나라로 갔다.

제나라 장수 전기(田忌)는 그를 좋아하여 빈객(賓客)으로 삼았다. 전기는 자주 제나라의 여러 공자(公子)들과 함께 많은 재물을 걸고 승마 경기를 하였다. 어느 날 손자가 보니 그 말들의 주력에는 그다지 큰 차이가 없었으나 말에 상·중·하의 등급이 있는 것을 보고 전기에게 말하였다.

"큰 내기를 하십시오. 신(臣)이 장군을 이기게 할 수 있습니다."

전기는 이 말을 믿고 왕과 여러 공자들과 함께 천금을 걸었다. 경기가 시작되자 손자가 말하였다.

"지금 장군의 하등의 수레를 상대방의 가장 빠른 상등 수레와 겨루게 하고, 장군의 상등 수레는 상대방의 중등 수레와, 장군의 중등 수레는 상대방의 하등 수레와 겨루게 하십시오."

---

2) 자자형(刺字刑) : 묵형(墨刑)이라고 하여 죄인의 얼굴이나 몸에 묵으로 글자를 새겨넣는 형벌.

세 번 달리기를 마치고 나니 전기가 한 번 지고 두 번 이겨 드디어 천금을 얻었다. 이에 전기가 손자를 위왕(威王)에게 추천하였다. 위왕이 손자에게 병법을 문답하고 마침내 군사(軍師)로 삼았다.

그 후 위나라가 조(趙)나라를 공격하자 조나라는 제나라에 구원을 청하였다. 제나라 위왕이 손빈을 장수로 삼으려 하자 손빈이 사양하여 말하기를

"형벌을 받은 일이 있는 사람을 장수로 삼는 것은 옳지 않습니다"라고 하였다.

이에 전기를 장수로 삼되, 손빈은 군사로 삼아 치차(輜車)[3]에 태워 계략을 세우게 하였다. 전기가 군대를 이끌고 조나라로 가려고 하자 손빈이 말하였다.

"무릇 엉킨 실을 풀려면 주먹으로 때려서는 안 되며 싸움을 말리려면 손으로 쳐서는 안 됩니다. 급소를 치고 빈틈을 찔러 상대방의 형세를 불리하게 만들면 스스로 풀릴 것입니다. 지금 위나라와 조나라가 서로 싸우고 있으니 날래고 정예한 군사는 다 나라 밖에 나가 싸우고 나라 안에는 늙은이와 어린아이들만이 남아 있을 것입니다. 장군께서는 병사를 이끌고 위나라의 수도인 양으로 달려가 그 시가를 점거하고 저들의 빈틈을 찌르는 것이 좋겠습니다. 그렇게 하면 위나라 군사는 조나라를 공격하는 일을 포기하게 되어 조나라는 절로 구제될 것입니다. 이것이 한 번에 조나라에 대한 포위를 풀게 하고 위나라를 피폐하게 만드는 방책입니다."

전기가 그대로 따르자, 과연 위나라는 조나라의 수도인 한단(邯鄲)에서 철수하고, 제나라 군사는 이를 계릉(桂陵)에서 맞아 싸워 크게 이겼다.

---

3) 치차(輜車) : 휘장을 친 수레.

그 후, 십삼 년이 지나고 위나라가 조나라와 함께 한(韓)나라를 공격하자 한나라는 위급함을 제나라에 호소하였다. 제나라는 전기를 장수로 삼아 위나라의 수도 양으로 쳐들어갔다. 위나라의 장수 방연이 이 소식을 듣고 한나라에서 철수하였으나 이미 제나라의 군사는 국경을 넘어 서쪽으로 진격하고 있었다. 손빈이 전기에게 말하였다.

"저 삼진(三晋)[4]의 군사는 본래 사납고 용맹하여 제나라를 경멸하고 제나라의 군사를 겁쟁이라고 하고 있습니다. 싸움을 잘하는 자는 주어진 형세를 잘 이용하여 자기에게 유리하게 이끄는 것입니다. 병법에 '백 리 되는 거리에서 승리를 위해 급히 달려가는 자는 상장군(上將軍)을 전사하게 만들고, 오십 리 되는 거리에서 승리를 위해 달려가는 자는 군사의 반만을 도착하게 한다'고 하였습니다. 제나라의 군사가 위나라의 땅에 들어가면 첫날에는 십만 개의 밥짓는 아궁이를 만들게 하고, 다음날에는 오만 개의 아궁이를, 또 그 다음날에는 삼만 개의 아궁이를 만들게 하십시오."

방연은 제군(齊軍)을 추격하여 사흘이 지나자 크게 기뻐하며 말하였다.

"내가 본래부터 제나라의 군사가 겁쟁이인 줄 알았지만 우리 땅에 들어온 지 불과 삼일 만에 도망한 군사가 반이 넘을 줄은 몰랐다."

방연은 보병을 남겨둔 채 날래고 정예한 기병만을 이끌고 이틀 길을 하루로 단축하여 계속 밤낮으로 제군을 추격하였다. 손빈이 위군의 행정(行程)을 헤아려 저물녘에 마릉(馬陵)에 도착할 것을 예측하였다. 마릉은 길이 좁고 길 옆은 험난하고 막힌 데가 많아

---

4) 삼진(三晋) : 한(韓)과 위(魏)와 조(趙)나라를 일컬음.

복병을 숨겨두기에 알맞은 곳이었다. 이에 큰 나무를 깎아 희게 만들고 '방연은 이 나무 밑에서 죽으리라'라고 써놓았다. 그리고는 제나라 군사 중에 활을 잘 쏘는 자를 골라 일만 개의 쇠뇌(弩)를 가지고 길 옆에 매복시킨 다음 "날이 저물어 불빛이 오르거든 일제히 발사하라"고 하였다. 방연이 과연 날이 저문 뒤에 그 나무 밑에 이르러 나무의 흰 부분을 보고 부싯돌을 쳐서 불을 밝히고 이를 비춰보았다. 방연이 글을 다 읽기도 전에 제나라 군사의 일만 개의 쇠뇌가 일제히 발사되었다. 위나라 군사가 크게 혼란하여 어지러이 흩어졌다. 방연은 스스로 지혜가 모자라 패배한 것을 알고 "드디어 더벅머리 아이놈의 이름을 떨치게 하였구나!" 하며 자신의 목을 찔러 죽었다. 제나라 군사는 승세를 몰아 위나라의 군사를 전멸시키고 위나라의 태자 신(申)을 사로잡아 돌아왔다. 이로 인해 손빈의 이름은 천하에 알려지고 그의 병법이 전해지게 되었다.

오기(吳起)는 위(衛)나라 사람으로 용병하기를 좋아했다. 일찍이 증자(曾子)에게 배우고 노(魯)나라 임금을 섬겼다. 제(齊)나라가 노나라를 공격하자 노나라에서는 오기를 장수로 삼으려 했으나 그의 아내가 제나라 사람이라는 이유로 의심하였다. 이에 오기는 이름을 얻고자 하여 아내를 죽이고 제나라의 편이 아니라는 것을 밝혔다. 노나라가 마침내 그를 장수로 삼고 제나라를 쳐서 크게 승리하였다. 그러나 노나라의 일부 사람들은 오히려 오기를 악평하여 말하였다.

"오기는 시기심이 강하고 잔인하다. 그가 젊었을 때, 그의 집은 천금의 부를 지녔지만 그가 사방을 두루 다니면서 벼슬자리를 구해도 벼슬을 얻지 못하고 마침내 가산만 탕진하였다. 마을사람들이 이를 비웃자 오기는 자기를 비웃은 삼십여 명을 죽이고 동쪽으로 도망하여 위(衛)의 성문을 나오면서 그 어머니와 이별할 때 자기의 팔을 깨물며 '공경재상(公卿宰相)이 되기 전에는 다시 위나라에 들어오지 않겠습니다' 라고 맹세하였다. 그리고 증자를 섬겼는데 얼마 후 어머니가 죽자 맹세대로 돌아가지 않았다. 증자는 그 행위를 박정하게 여기고 그를 파문하였다. 오기는 노나라에 가서 병법을 배우고 노나라의 임금을 섬겼으나 임금이 의심하자 아내를 죽이면서까지 장수가 되려고 했다. 또한 노와 같은 작은 나라가 제와 같은 큰 나라를 이겼다는 명성을 얻게 되면 다른 제후들이 시기하여 노나라를 칠 것이다. 더욱이 노, 위 두 나라는 형제의 나라인데 임금이 위나라에서 도망온 오기를 등용하는 것은 위나라를 버리는 것이다."

노나라 임금이 이를 의심하여 오기를 사절하였다.

이에 오기는 위(魏)나라의 문후(文候)가 현명하다는 것을 듣고 그를 섬기고자 하였다. 문후가 재상 이극(李克)에게 물었다.

"오기는 어떤 사람인가?" 이극이 대답하기를

"오기는 탐욕스럽고 여색을 좋아합니다. 그러나 용병에 있어서는 사마양저(司馬穰苴)도 그보다 나을 수 없을 것입니다"라고 하였다.

이에 문후가 그를 등용하여 장수로 삼아 진(秦)나라를 쳐서 다섯 성을 빼앗았다.

오기는 장수가 되자 가장 낮은 신분의 병사와 함께 의식(衣食)을 같이 하였고 잘 때에도 자리를 깔지 않았으며 다닐 때도 말을 타지 않았다. 몸소 식량을 싸서 지고 병졸들과 함께 노고를 나누었다. 병졸 중에 등창이 난 자가 있었는데 오기는 그것을 입으로 빨아주었다. 그 병졸의 어머니가 이를 듣고 통곡하니 어떤 사람이 이상하게 여겨 물었다.

"당신의 아들이 병졸에 불과하고 장군이 몸소 그 등창을 빨아주었다는데 어찌 그리 통곡하는가?" 어머니가 대답하기를

"아닙니다. 전년에 오공(吳公)께서 저 아이의 아버지의 등창을

빨아주었습니다. 이에 저애의 아버지가 전장에 나아가 한 걸음도 물러서지 않고 싸우다 마침내 죽었습니다. 오공께서 이제 또 저애의 등창을 빨았다고 하니 저애도 언제 어디서 죽을지 모르게 됐습니다. 그래서 우는 것입니다"라고 하였다.

문후는 오기가 용병을 잘하고 청렴공평(淸廉公平)하여 병사들의 인망을 얻는 것을 보고 그를 서하(西河)의 태수(太守)로 임명하여 진(秦)과 한(韓)을 막게 하였다.

위나라의 문후가 죽자 오기는 그의 아들 무후(武候)를 섬겼다. 무후가 한번은 배를 서하에 띄우고 물을 따라 내려가다가 중류에서 오기를 돌아보며 말하였다.

"훌륭하구나. 이 험난한 산하여, 이것이 위나라의 보배로구나."

오기가 대답하기를

"나라의 보배는 임금의 덕에 있고 산하의 험난함에 있지 않습니다. 옛날 삼묘씨(三苗氏)의 나라는 동정호(洞庭湖)를 왼편에 두고 팽려호(彭蠡湖)를 오른쪽에 둔 험고(險固)한 땅이었으나 덕과 의를 닦지 못하여 하(夏)나라의 우(禹) 임금에게 멸망당했습니다. 하나라의 걸왕(桀王)의 도읍지는 황하(黃河)와 제수(濟水)를 왼편에 끼고 태산(泰山)과 화산(華山)이 오른쪽에 있고 이궐(伊闕)[5]이 남쪽에 있고 양장산(羊腸山)의 험고함이 그 북쪽에 있었으나 정치가 어질지 못하여 은(殷)나라의 탕왕(湯王)에게 쫓겨나고 말았습니다. 은나라의 주(紂)는 맹문산(孟門山)을 왼쪽에 두고 태행산(太行山)을 오른쪽에 두고 상산(常山)이 그 북쪽에 있고 대하가 그 남쪽을 지나갔으나, 정치에 덕이 없어 주(周)나라의 무왕(武王)이 그를 죽였습니다. 이것으로 볼 때, 나라의 보배는 사람의 덕에 있고 산하에

---

5) 이궐(伊闕) : 산 이름으로 낙양(洛陽) 남쪽에 있는 단애(斷崖).

있지 아니합니다. 만약 임금께서 덕을 닦지 않는다면 이 배 안에 있는 사람들이 모두 적이 될 것입니다." 무후가 답하기를
"옳은 말씀입니다"라고 하였다.

오기는 서하의 태수로서 매우 잘 다스린다는 명성이 있었다. 그 무렵 나라에서 새로 재상의 벼슬을 설치하고 전문(田文)을 그 자리에 임명하였다. 오기는 못마땅하게 여기고 전문에게 말하였다.
"당신과 공적을 비교해보고 싶은데 어떠한가?" 전문이 말하기를
"좋다"고 하였다.
"삼군(三軍)의 장수가 되어 병사들을 기꺼이 죽을 수 있게 하여 적국이 감히 위나라를 넘보지 못하게 하는 점에 있어서 당신과 나, 어느 편이 나은가?"
"당신만 못하다."
"백관(百官)을 다스리고 만민을 친화하게 만들며 국고를 충실하게 하는 점에 있어서는 당신과 나, 어느 편이 나은가?"
"당신만 못하다."
"서하를 지켜서 진나라의 군사가 감히 동쪽을 넘보지 못하게 하고 한과 조나라를 복종하게 한 점에서는 당신과 나, 어느 편이 나은가?"
"당신만 못하다."
"당신이 이 세 가지 점에서 모두 나만 못하면서 지위가 나보다 높은 것은 무슨 까닭인가?"
"임금이 아직 어려서 나라 안이 불안하고 대신들이 따르지 않으며 백성들도 믿지 않는다. 이런 때를 당해서 재상의 지위를 당신에게 맡겨야겠는가, 나에게 맡겨야겠는가?"

오기는 잠시 동안 묵묵히 있다가 말하였다.
"그 일은 당신에게 맡길 것이다." 전문이 말하기를
"이것이 내가 당신의 윗자리에 있는 까닭이다"라고 하였다.

이에 오기는 자신이 전문만 못한 것을 깨닫게 되었다.

전문이 죽고 공숙(公叔)이 재상이 되었는데 위나라의 공주를 얻자 오기를 꺼려하였다. 공숙의 하인이 말하였다.

"오기를 제거하기는 쉽습니다."

"어떻게 말인가?"

"오기의 사람됨이 절조가 있고 청렴하며 명예를 좋아합니다. 우선 무후께 '오기는 현인이지만 우리나라는 작고 강대한 진나라와 국경을 접하고 있습니다. 신은 오기가 이 나라에 오래도록 머무를 것인가를 의심하고 있습니다' 라고 하십시오. 그러면 무후께서는 반드시 '어떻게 하면 좋겠는가?' 하고 물으실 것입니다. 그러면 그때 '시험삼아 공주를 내리시겠다고 말씀해보십시오. 오기가 머무를 생각이 있으면 이를 승낙할 것이고 그렇지 않으면 사양할 것입니다. 이것으로 그의 마음을 점칠 수 있을 것입니다' 라고 하십시오. 그리고 오기를 초대하여 조정에서 함께 돌아오셔서 공주로 하여금 성나게 하여 상공을 경멸하는 것을 보게 하십시오. 그러면 오기는 공주가 상공을 천대하는 것을 보고 공주 얻기를 사양할 것입니다."

이리하여 오기는, 공주가 재상인 남편을 천대하는 것을 보고 무후에게 사절하였다. 이로 인해 무후가 그를 의심하여 믿지 않으니 오기는 죄를 입게 될까 두려워하여 초(楚)나라로 갔다.

초나라의 도왕(悼王)은 일찍이 오기가 지혜와 능력이 있음을 들어 알고 그가 오자 재상으로 삼았다. 오기는 법령을 정비하고 불필요한 관직을 없애며 먼 왕족으로 관직에 있는 자를 정리하여 거기에서 얻은 재원으로 군사를 양성하였다. 그의 정치의 요점은 강병

---

6) 합종(合從) : 중국 전국시대에 소진(蘇秦)이 주장한, 여섯 나라가 종으로 동맹하여 서쪽의 진(秦)나라를 대항하자는 의견.

책에 힘쓰며 유세(遊說)하는 자들의 합종(合從)⁶⁾과 연횡(連橫)⁷⁾의 정책을 배격하는 데 있었다. 이리하여 남으로는 백월(百越)을 평정하고 북으로는 진(陳)과 채(蔡)나라를 병합하고 삼진을 물리치며 서쪽으로는 진나라를 치니 제후들이 초나라의 강성함을 겁내었다. 자리를 잃은 유족(遺族)들이 모두 오기를 제거하려 하였다. 도왕이 죽자 종실(宗室)과 대신들이 난을 일으켜 오기를 치려고 하였다. 오기가 달아나다 왕의 시체 위에 엎드리니 오기를 쫓던 무리들이 오기에게 화살을 쏘아 죽였으나 도왕의 시체도 찌르게 되었다. 도왕을 장사하고 태자가 임금이 되자 재상 영윤(令尹)에게 명하여, 오기를 쏘고 아울러 왕의 시체를 맞힌 자를 모두 베어 죽이게 하였다. 오기를 쏜 일에 연좌되어 일족이 전멸된 것이 칠십여 집에 미쳤다.

나(태사공)는 말한다.

세상에서 군사(軍事)에 대해 말하는 사람은 『손자』 13편과 오기의 『병법』을 논한다. 세상에 그 책이 많이 유포되었으니 그것을 논하지 않고 그들의 경력과 시책에 관해 논하였다. 옛말에 '능히 행하는 사람이 반드시 능히 말하는 것은 아니며 능히 말하는 사람이 능히 행하는 것은 아니다'라고 하였다. 손빈이 방연을 해치운 계략은 현명했으나 자신에게 닥쳐올 화를 방지하지는 못하였다. 오기는 무후에게 산하의 험고함은 인간의 덕만 못하다고 설명하였으나, 자신이 초나라에서 행한 것은 각박하고 온정이 없던 탓에 자신의 몸을 망쳤다.

슬픈 일들이다.

---

7) 연횡(連橫) : 중국 전국시대에 장의(張儀)가 주장한, 진(秦)나라 동쪽에 있는 여섯 나라를 횡으로 연합하여 진나라를 섬기자는 의견.

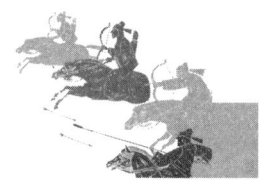

제4부

 클라우제비츠의
『전쟁론(戰爭論)』

클라우제비츠에 대하여

클라우제비츠(Carl von Clausewity)는 1780년 6월 1일 부르크 (Burg)에서 태어났다. 열두 살 때 프러시아 군의 사관후보생이 되었고 그 다음해 라인의 마인츠 요새 공격에 참가하였으며 1806년 에는 대대장으로서 프러시아·러시아 동맹군의 대(對) 프랑스 전쟁에 출전하였으나 아우엘시테트 전투에서 나폴레옹이 이끄는 프랑스 군에게 패하였다. 1810년 베를린 사관학교 교관이 되었고, 그후 나폴레옹과 동맹하려는 프러시아 정부의 외교정책에 분개하여 러시아 군으로 들어갔다. 1812년 나폴레옹 군의 러시아 침입 때, 프랑스 군을 맞이하여 보로지노에서 싸운 뒤 워터루 전투에서 프러시아 블뤼헤르(Blücher) 장군의 본영부 참모가 되어 참전하였고 이후 발모덴(Walmoden) 사령관의 참모가 되었다. 1815년 그 나이

제나우의 알선으로 프러시아 군에 돌아가서 제3군단 참모장이 되었다. 1818년 베를린 사관학교 교장에 취임하였고 다음해 포병으로 전과하여 임지(任地) 브레스라우에 가서 포병감(砲兵監)이 되었다. 그 후 전사(戰史) 연구와 전쟁원리 규명에 전심하다가 1831년 11월 16일 콜레라로 급사하였다. 향년 51세였다.

『전쟁론(戰爭論)』은 그가 죽은 다음 그의 부인에 의해 정리된 것이다.

제1편 전쟁의 본질

제1장 전쟁이란 무엇이냐

전쟁이란 적을 굴복시키고 자기의 의지를 실현하기 위하여 행해지는 무력행위(武力行爲)이다. 이러한 무력은 적의 무력에 대항하기 위하여 기술 및 과학의 모든 발명품을 가지고 무장하는 것이다. 무력 다시 말해 물리적 무력은 수단이고 목적은 적에게 나의 의지를 강제하는 데 있다. 이 목적을 확실히 달성하기 위해서는 우선 적의 저항력을 부숴버려야 한다.

 물리적 무력의 행사라고 하지만 전쟁에서 결코 정신적 요소의 중요성을 간과할 수는 없다. 싸우는 양편 중 한 편이 유혈(流血)에도 굴하지 않고 가차없이 무력을 행사하는데 다른 편에게는 이러한 단호한 결의가 없다고 한다면 반드시 전자가 우세할 것이다. 그러므로 후자도 이에 대항하는 무력을 행사하지 않으면 안 될 것이니 결국 무력행사는 무한정 확대되는 것이다.

이것이 사태의 참 모습이다. 만약 참혹한 것을 피하여 그 본질을 무시한다면 이는 자못 쓸데없는 것일 뿐만 아니라, 아주 불합리한 것이기도 하다. 그런데 적을 나의 의지에 굴복시키려면 우선 적을 불리한 상태에 두지 않으면 안 된다. 그러한 상태는 일시적인 것이 되어서는 안 된다. 만약 일시적인 것이면 적은 결코 굴복하지 않고 더욱 유리한 상태가 될 때까지 기다릴 것이다. 그러므로 일단 적을 불리한 상태로 몰아넣었으면 그 후에는 상대가 더욱 불리한 처지에 놓이도록 계속해서 군사 행동을 추진해야 한다. 전쟁 당사자가 받는 가장 불리한 상태란 것은 완전한 무저항 상태에 처하는 것이다. 따라서 군사 행동의 목표는 적의 무장해제인 것이다.

전쟁에는 정치적인 목적이 문제가 된다. 전쟁의 근본적 동기로서의 정치적 목적이라는 것은 군사적 행동에 의해서 달성되어야 하는 목표에 대해서도, 그것에 필요한 힘의 발휘에 대해서도 마찬가지로 하나의 척도(尺度)가 될 수 있다.

이 정치상의 목적은 그것이 대중에게 어떠한 영향을 미치는가를 고려할 때만 비로소 척도가 될 수 있음을 잊어서는 안 된다. 왜냐하면 정치상의 목적은 무엇보다도 대중을 움직이지 않으면 안 되기 때문이다. 아주 미약한 정치상의 동기조차도 엄청난 효과, 말하자면 폭발이라고도 할 만한 효과를 가져올 수 있는 것이다.

대개 전쟁에 있어서 직접적인 군사 행동을 감행하는 시간은 극히 적고, 나머지 대부분의 시간은 행동을 중지하고 있는 것이 보통이다. 그러나 이 군사 행동의 중지는 결코 전쟁 상태에서 벗어난 것은 아니다. 실제에 있어서 군사 행동에는 두 가지 형식이 있다. 즉 공격과 방어다.

무릇 여러 가지 인간 활동 가운데 전쟁처럼 우연과 부단히 결부

되어 있는 것은 없다. 그러므로 전쟁에 있어서는 정밀한 예측보다 추측에 의해서 행동하는 부분이 훨씬 많은 것이다. 따라서 전쟁 행위에 필연적으로 따라오는 것은 위험성이다. 인간의 정신요소 중, 이 위험에 대처할 수 있는 가장 중요한 능력은 용기이다. 용기와 명민한 타산이 결코 상반되는 것은 아니지만 그렇다고 해서 이 두 가지가 동일한 것이라고 할 수는 없다. 이 둘은 각각 정신의 다른 분야에 속하는 요소들이다. 모험이나 요행, 대담함과 만용은 용기의 여러 가지 표현에 지나지 않는데 이러한 정신적 경향이란 것은 대체로 불확실한 추측에 바탕을 둔 행동인 것이다. 왜냐하면 명민한 타산이 없는 곳에서야말로 바로 이러한 정신적 경향의 본질이 있기 때문이다. 그러므로 완전한 것은 병술(兵術)에 있어서 그렇게 중요한 것이 아니며 전쟁은 최초부터 가능성·개연성·다행 혹은 불행과 같은 도박적 성격이 뒤섞여 있는 것이다. 전쟁이 카드 놀이와 비슷하다고 하는 이유도 여기에 있는 것이다. 병술은 살아 있는 힘과 정신력을 대상으로 하기 때문에 절대적인 것, 혹은 확실한 것에 도달할 수는 없다. 따라서 병술에는 다소간에 추론의 여지가 남아 있는 것이다.

군인은 대체적인 추론에 의해 결단하고 행동하지 않으면 안 되는 동시에 용기와 자신감으로써 이 추론의 틈을 메워가지 않으면 안 된다. 용기와 자신감이야말로 전쟁에 있어서 필수적인 요소인 것이다.

공동사회의 전쟁 즉 양국민 간의 전쟁은 반드시 정치적 조건에서 일어나고 정치적 동기에서 발발한다. 그러므로 전쟁은 하나의 정치적 행위이다.

정치는 군사 행동 전반에 부단히 영향을 준다. 따라서 전쟁이란 다른 수단을 가지고 하는 정치의 연장에 지나지 않는다. 전쟁은 정치적 행동일 뿐만 아니라, 실로 하나의 정치적 수단이요, 다른 수단에 의한 정치적 교섭의 연장에 지나지 않는다. 이를 통해 우리는 다음의 두 가지 점을 확인할 수 있을 것이다. 즉 하나는 어떠한 경우에도 전쟁은 독립되어 있는 것으로 볼 것이 아니라 어디까지나 하나의 정치적 수단으로 생각해야 한다는 것이고, 또 하나는 전쟁을 야기시키는 동인(動因)과 상황에 따라 전쟁의 성격이 매우 달라진다는 것이다. 그러므로 정치가와 장수는 자신이 기도(企圖)하는 전쟁에 대해서 이 점을 명확하게 고려해야 하며 전쟁을 통해 얻을 수 없는 것을 바라거나 강요해서는 안 되는 것이다. 이것이야말로 백 가지의 전략 중 제일 중요한 문제인 것이다. 따라서 우리는 전쟁에서 기묘한 삼중성(三重性)을 발견할 수 있다. 그 첫째는 증오와 적의(敵意)의 격렬함이고, 둘째는 개연성과 우연성이라는 도박적인 성질이고, 셋째는 정치적 목적의 수단으로서 전쟁의 성격을 보게 된다. 이 세 가지 중, 첫째는 주로 국민에 속하고, 둘째는 주로 장수와 군대에 속하고, 셋째는 주로 정부에 속한다. 따라서 전쟁을 논하려는 사람은 이 세 가지 특성을 잊어서는 안 된다.

제2장 전쟁의 목적과 수단

전쟁은 적을 굴복시켜서 내 뜻대로 복종시키는 무력행위라고 하였는데 그 유일한 목적은 적의 세력을 타도하고 그 저항력을 탈취하는 데 있다. 적의 저항력이라 함은 전투력과 국토와 적의 의지 등 세 가지를 말한다.

첫째, 전투력을 괴멸시켜야 한다. 다시 싸울 수 없을 만큼 철저히 부숴버려야 한다.

둘째, 적의 국토를 점령하지 않으면 안 된다. 국토를 그대로 두면 다시 새로운 전투력이 형성될 가능성이 있다.

셋째, 적의 의지가 굴복되지 않는 한, 즉 적의 정부와 그 동맹국을 강화조약에 조인시키거나 또는 적국민을 굴복시키지 않는 이상 전쟁은 끝났다고 할 수 없다.

적의 저항력을 박탈하는 대신에 현실의 전쟁에 있어서 강화의 동기를 가져오게 하는 요인이 두 가지가 있다. 첫째는 승산(勝算)이 전혀 없는 경우, 둘째는 전승(戰勝)을 얻기 위해서 매우 큰 희생을 치러야 하는 경우이다. 강화의 동기로서 한층 더 중요한 요인은 지금까지 소비한 전력과 앞으로 소비해야 할 전력에 대한 고려이다. 그러므로 전력의 지출이 정치적 목적의 가치에 맞지 않을 만큼 막대할 경우 전쟁은 중지되고 강화가 체결되는 것이다.

적을 타도하는 데 필요한 수단은 두 가지인데 하나는 적의 전투력을 괴멸시키는 것이요 둘째는 국토를 점령하는 것이지만, 적의 전투력을 파괴하지 않고 전쟁의 승패에 관한 적의 추측에 영향을 줄 수 있는 특수한 수단은 정치적 권모술수(權謀術數)에 의한 방법이다. 만약 권모술수로써 적을 동맹국과 이간시키고 우리 편에 유리하게 만들 수 있다면 이것은 적의 전투력의 격멸보다 훨씬 효과적일 것이다. 다음 문제는 적의 힘의 지출, 즉 적의 희생을 증대하는 방법을 추구하는 일이다. 이 두 가지 방법 이외에 적의 힘의 지출을 크게 하는 세 가지 방법이 있다.

첫째는 침입이다. 둘째는 모든 노력을 오로지 적의 손해를 증대하는 일에 집중하는 것이다. 셋째는 적을 피로하게 하는 것이다. 이와 같은 전쟁의 목적을 달성하는 데는 여러 가지 수단이 있다. 모든 전쟁이 적의 격멸만을 추구하는 것은 아니다. 적의 전투력의 분쇄, 적지의 탈취, 점령, 침입, 정치적 책략, 적의 공격에 대한 수동적 저항 등 이 모두가 그때그때마다 적의 의지를 굴복시키기 위해 쓸 수 있는 개별 수단들이다.

전쟁의 수단은 오직 전투에 지나지 않는다. 전쟁에 있어서 실제로 효과를 거두는 것은 오직 전투뿐이고 적의 군사력을 파괴하는 것은 언제나 목적을 달성하기 위한 유일한 수단인 것이다. 요컨대 전쟁에는 목적을 달성하기 위하여, 즉 정치적 목적을 달성하기 위한 방법은 많이 있지만 그 수단은 유일하게 전투뿐이다. 따라서 모든 군사적 행동은 결전(決戰)이라고 하는 최종의 원칙에 종속되어 있는 것이다. 물론 전쟁에 있어서 정치적 목적이 크지 않고 전쟁의 동기와 힘의 긴장이 강하지 않을 때, 용의주도한 장수들은 적의 특수한 약점을 이용하여 피를 보는 대결전을 수행하지 않고 강화로 이끄는 수도 있다. 그렇지만 이럴 때에도 장수는 그 길이 곁길에 지나지 않고 어디까지나 적의 전투력을 괴멸시키는 것만이 정도인 것을 잊어서는 안 된다. 즉 장수는 적의 동정을 부단히 살펴서 적이 예리한 칼로 덤벼드는 경우 예식용 칼로써 응전하는 일이 없도록 엄중히 경계해야 한다.

제3장 군사적 천재(天才)

위대한 업적을 달성할 만한 자질을 갖추고 있는 사람을 우리는 천재라고 부른다. 그런데 군사적 천재라고 하는 것은 모든 정신력의 조화 있는 합동체로서, 비록 그 가운데 한두 가지 힘이 다른 것보다 우월한 경우가 있더라도 결코 서로 장해가 되지 말아야 한다.

전쟁은 위험한 것이다. 그러므로 군인에게 가장 필요한 자질은 용기이다. 전쟁은 육체적 긴장과 고난을 가져오기 때문에 여기에 굴복하지 않기 위해서는 이를 견딜 만한 체력과 정신력이 필요하다. 싸우는 사람이 씩씩한 태도를 잃지 않기 위해서는 두 가지 자질이 필요한데 하나는 진상을 통찰할 수 있는 지력(智力)이요, 또 하나는 불확실하고 미약한 희망을 바라보고 나아가는 용기, 즉 결단력이다. 이지력과 결단력 다음에는 침착함이, 그리고 다음에는 감정의 강인함이 필요하다. 감정의 강인함이란 감정의 격렬함을 말하는 것이 아니라, 어떠한 흥분 상태 속에서도 또한 어떠한 맹렬한 감정 가운데서도 오히려 지력이 명령하는 바를 좇아 행동할 수 있는 능력을 말하는 것이다.

전쟁이라는 중대한 활동을 지휘하여 영광스런 승리를 얻기 위해서 장수는 정치적으로 높은 식견을 가져야 하고 또한 국제 정세를 명확하게 파악할 줄 알아야 하며 동시에 그 수중에 맡겨진 모든 수단을 부릴 수 있는 행동의 범위를 정확히 인지하고 있어야 한다. 결국, 국민들의 생명과 조국의 명예와 안전을 의탁할 수 있는 인물은 창조적 두뇌를 가진 사람이기보다는 사려 깊은 인물로서 한꺼번에 목적을 추구하기보다는 전체 상황을 개괄적으로 파악할 수 있는 인물, 그리고 열정적이기보다는 오히려 냉정한 사람이라 할 수 있다.

제4장 정보

정보라는 것은 적군과 적국에 관한 지식의 전체를 말한다. 따라서 아군의 모든 계획과 행동은 이 정보를 기초로 해서 이루어지는 것이다. 그런데 전쟁중에 얻는 정보는 불확실하여 모순되는 것이 많고 대부분은 허위일 경우가 많다.

따라서 지휘관은 허위 과장된 정보에 의혹되지 말고 또한 공연히 공포에 사로잡히지 않으며 항상 사태를 희망에 찬 면으로 보도록 힘써야 할 것이다.

일군(一軍)의 지휘를 맡은 사람은 확고한 자신을 가지고 눈앞에 닥쳐오는 환영(幻影)에 의혹되지 않도록 노력해야 한다.

정보라는 것은 이를테면 계획과 실행 사이에 가로놓여 있는 거대한 장애 중의 하나이다.

제5장 결론

훈련이 필요한 것은 육체보다도 오히려 정신이다. 실전에 경험이 없는 자는 전쟁에서 큰 고통을 당할 때에 이를 군지휘의 결함이나 과오의 결과가 아닌가 생각하고 이로 인해 이중으로 사기가 침체되는 것이 보통이다. 만약 평상시 훈련에서 이에 대한 마음의 준비가 충분히 되어 있다면 이러한 일은 결코 일어나지 않을 것이다.

제2편 전략론(戰略論)

제1장 전략

 개별 전투를 치르는 데 있어서 수행되는 전투의 기술을 전술이라 하고, 전쟁의 최종적 결과를 승리로 이끌도록 전투를 안배(按配)하는 기술을 전략이라고 일컫는다. 다시 말하면 전술이란 것은 전투에 있어서의 병력 사용의 이론이요, 전략이란 것은 전쟁의 종국적 목적에 대한 전투 운용의 이론이다. 전략이란 것은 전투를 전쟁의 목적 실현을 위한 수단으로써 사용하는 것을 뜻한다. 그러므로 전략은 이 목적에 대응하는 모든 군사 행동의 목표를 설정하는 것이다 즉 작전 계획을 세우고 행동의 순서를 전쟁의 목표에 결부시키고 군사 행동이 목표를 달성하도록 안배하는 것이나. 다시 말헤 전략은 개개의 전투 계획을 수립하고 각각의 전투를 자리매김하는 것이다. 그러나 이러한 전투 계획이 가상으로 만들어지고 이것이 반드시 사실에 기초한 것은 아니어서 여러 가지 세부적인 규정을 미리 지시할 수는 없다. 따라서 책상 위에서 만들어진 전략은 실지로 전쟁에 가서는 여러 가지로 수정을 하고 또한 세부 사항을 재검토하지 않으면 안 된다. 요컨대 전략이라는 것은 24시간 중 한 순간도 그대로 방임할 수 없는 것이다.

만약 장수가 전쟁의 목적과 이를 달성하기 위한 수단에 상응하는 적절한 작전 계획을 세울 수 있고, 그가 행하는 일에 부족함이 없다면 이는 그가 천재라는 유력한 증명이 되는 것이다.

고금(古今)의 영걸(英傑)을 보면 어떤 이는 지략(智略)이 뛰어나고, 어떤 이는 명석하고, 또 어떤 이는 용감하고 의지가 굳다는 점에서 뛰어나지만, 그러나 한 몸에 이러한 자질을 모두 겸비한 사람은 거의 없을 것이다. 그럼에도 불구하고 이러한 미덕을 모두 겸비하고 있는 인물만이 일군의 장수로서 비범한 활동을 나타낼 수 있는 것이다.

전쟁중의 개별 전역(戰役)을 크고 작은 여러 전투의 연결고리줄로 생각하지 않고, 가령 방비 없는 적국의 한 지방을 점령한 것을 가지고 마치 그것을 단독의 상황으로 생각하는 것은, 잘못하면 점령지 하나의 이익을 전체로 확대하여 계산하는 잘못을 범하는 것이다.

전쟁에 있어서 국지적인 이익을 전체의 성공으로부터 분리해서 계산할 수는 없다. 즉 상인이 사업을 할 때 전 재산의 손익이라는 관점에서 하는 것과 마찬가지로 전쟁에 있어서도 종국적인 총화만이 개별 상황의 이익을 결정하는 것이다.

제2장 전략의 제요소(諸要素)

전략상 전투의 양식을 결정하는 원인을 다섯 가지 요소로 나눌 수 있다. 첫째는 정신적 요소요, 둘째는 물리적 요소요, 셋째는 수학적 요소요, 넷째는 지리적 요소요, 다섯째는 경제적 요소이다.

정신적 요소에는 정신적 특성과 그 효과에 의해서 발생하는 모든 것이 포함된다.

물리적 요소에는 전투력의 강약과 편성, 그리고 병과(兵科)의 구성 등이 포함된다.

수학적 요소에는 작전선(作戰線)의 각도(角度), 집중기동(集中機動), 편심기동(偏心機動) 등의 기하학적 분야가 포함된다.

지리적 요소에는 지형의 영향, 즉 전망이 좋은 지점이라든지 산악·하천·산림·도로 같은 것이 포함된다.

끝으로 경제적 요소에는 모든 보급 수단이 포함된다.

제3장 정신력

정신력은 전쟁에 있어서 가장 중요한 요소이다.

이 책에서 논하는 대상은 반은 물리적인 것이고 반은 정신적 원인과 작용에 관한 것으로 구성되어 있다. 이를테면 물리적 원인과 효과는 나무로 만든 창의 자루이고 정신적 원인과 효과는 창날의 예리한 강철이다. 창이 창일 수 있는 것은 실로 그 창날에 있는 것임을 알아야 한다.

정신적 힘의 가치가 얼마나 막대하고 믿기지 않을 정도로 굉장한 영향력을 가지고 있는가는 역사가 잘 증명하는 바이다.

장수가 역사로부터 배워야 할 점은 진실로 이 정신력에 있다. 이것이야말로 장수의 정신을 높이는 가장 귀중하고 우량한 자양분인 것이다.

제4장 제일차적 정신력

제일차적 정신력이라고 하는 것은 장수의 재능, 군대의 무덕(武

德), 군대의 민족정신을 말한다. 군대의 민족정신(정열, 흥분, 신념, 여론)이 가장 강하게 나타나는 것은 산악전에서이다. 왜냐하면 산악전에서는 모든 것이 각 개인의 자유행동에 맡겨지기 때문이다. 그러므로 산악은 대중의 무장봉기에 가장 좋은 투쟁 무대인 것이다.

장수의 재능이 가장 광범위하게 발휘되는 것은 구릉(丘陵)이 많은 단절지(斷截地)이다. 왜냐하면 산악전에서는 장수가 개개의 부대를 지휘할 수 없어서 전군을 통어하기 곤란하고, 넓은 평지에서는 지휘 상황이 단순해서 재능을 발휘할 여지가 비교적 적기 때문이다.

제5장 군대의 무덕(武德)

여기에서 무덕이라고 하는 것은 단순한 용감을 말하는 것이 아니다. 물론 용감은 무덕을 구성하는 한 요소이기는 하지만 군인의 용감은 분방불기(奔放不覊)한 경향을 억제하고 복종·질서·규범·방식 등의 보다 높은 요구를 따라야 하는 것이다.

전쟁에 필요한 정신을 마음에 새기고 이에 필요한 힘을 훈련하며, 전 능력을 기울여 민첩하고 적확하게 상황을 처리하는 습관을 기르고 사심을 버리고 전심전력으로 자기의 맡은 바 임무를 완수하는 것이야말로 군인의 무덕이라고 할 것이다.

무덕이 가득 찬 군대는 어떠한 군대인가? 그것은 포탄이 비 오듯 퍼붓는 상황에서도 평상시의 질서를 유지하고 공포의 그림자에 사로잡히지 않으며 위태로운 국면을 만나서도 조금도 주저하지 않고 냉정하게 차근차근 어려움을 극복해가는 군대, 혹은 승전에 대한 자신감이 아주 강하더라도 패전을 당해서 지휘관에 대한 존경과 신뢰, 복종의 정신을 잃지 않는 군대, 또는 갖은 고난을 겪고 정신적 강인함을 체득해서 어떠한 어려움에도 굴하지 않고 도리어 이를 승리의 계기로 삼는 군대, 또는 자기가 가지고 있는 무기의 명예를 걸어서 모든 의무와 덕의(德義)에 기쁘게 복종할 수 있는 군대—이러한 군대가 바로 무덕이 있는 군대이다.

제6장 담력

닥쳐오는 위험에 대해 초연하게 대처할 수 있는 고귀한 정신력은 전장에서만 만들어지는 독특한 활력이다. 실제 전쟁 이외의 어떠한 곳에서도 담력이 이처럼 독자의 가치를 강력하게 주장할 수 있는 곳은 없을 것이다. 한 명의 특무병(特務兵)이나 고수(鼓手)로부터 최고지휘관에 이르기까지 담력은 전쟁에서 가장 고귀한 덕목이다.

높은 지위에 있는 사람의 담력은 그만큼 더 귀중한 것이요, 칭찬할 만한 것이다. 뛰어난 담력을 가지고, 더욱이 그 담력이 지혜로써 통제되어 있는 인물은 영웅이라고 할 만하다.

제7장 초지(初志)에 대한 집착력

큰 용기와 견인불발의 정신만이, 성난 파도 가운데 우뚝 솟아 있는 큰 바위처럼 모든 불리한 정세를 견디어낼 수 있게 한다. 시시각각으로 닥쳐오는 여러 가지 불리한 정황에 미혹되는 인물은 큰 사업을 할 수 없을 것이다. 따라서 참으로 어쩔 수 없는 한, 처음에 세운 뜻을 굳게 지켜 굴하지 않는 집착력이 중요하다.

제8장 병력의 우세

전술상으로나 전략상으로나 병력의 우세란 것은 승리를 위한 가장 일반적이며 가장 중요한 원칙이다.

전략은 어디서 언제 어느 정도의 전력으로써 전투를 할 것인가를 결정한다. 그러나 우열이라고 하지만 이것은 정도의 문제로서 2배, 3배, 4배와 같이 비교가 안 될 만큼 큰 차이가 있을 때는 병력의 우세가 결정적 요인이 되는 것은 말할 것도 없다. 그러므로 결정적 순간에 있어서는 될 수 있는 대로 다수의 병력을 집중하는 것이 긴요한 일이다. 더욱이 이런 경우 집중할 수 있는 병력이 필요한 요구를 충분히 만족시켰는가 못했는가는 문제가 되지 않는다. 중요한 것은 가능한 한도 내에 모든 수단을 다 동원했는가 그렇지 못했는가에 달려 있다. 이렇게 생각해보면 어떠한 뛰어난 장수라고 할지라도 2배 이상의 병력을 가진 적을 이겨내기는 매우 어렵다고 하겠다. 따라서 2배의 병력은 실로 한 사람의 비범한 장수와 필적하고도 남음이 있다. 그러므로 전투에 임해서는 될 수 있는 한 최대의 병력을 동원하여야 한다. 이것이 지켜야 할 첫째 원칙이다. 이는 언뜻 보기에는 평범한 이치인 것 같지만 절대로 가벼이 볼 수 없는 원칙인 것이다.

제9장 기습

여기에서 하나의 효과적인 무기가 생겨나는데 그것은 기습이다.

기밀 유지와 신속함은 기습의 2대 요소로서 이를 위해서는 정부와 장수에게 강력한 의지가 요청되고 군대에게는 엄정한 군기가 필요하다. 이것이 없이는 기습이 성공하기를 바랄 수 없다.

기습에 성공하려면 적의 기선을 제압하여 적으로 하여금 아군의 행동에 따라오도록 만들어야 한다. 더욱이 지휘관은 이럴 경우 전술상 적절한 방법을 취해야 한다. 또한 적이 전술상 적절치 못한 기습을 감행할 때는 도리어 아군이 맹렬한 반격을 가할 수 있을 것이다.

제10장 궤계(詭計)

궤계는 의도가 감추어진 것으로서 적을 속이는 방법이다.

이것이 보통의 속이는 것과 다른 것은 파약(破約)이나 배신을 포함하지 않는 것이다.

궤계를 쓰는 것은 적의 머리를 어지럽게 만들어서 적이 오류를 범하기를 기다리는 것이다. 그러므로 기지(機智)가 관념과 사상을 가지고 노는 마술이라고 한다면 궤계는 행동을 가지고 노는 마술이다.

그러나 장수에게는 기책종횡(奇策縱橫)한 것보다도 정확하고 날카로운 통찰력이 필요하고 또한 유용하다. 궤계라 해도 전쟁에 필요한 다른 정신적 자질을 잃지 않는 한 반드시 해로운 것은 아니지만 실제로는 위험을 초래하는 경우가 많다.

그러나 전략상 병력이 약할 경우에는 궤계를 쓸 여지가 그만큼 크다.

백 가지 계책을 다 쓰고 어떠한 방법도 가능하지 않을 때 궤계는 가끔 최후의 희망의 줄이 될 수도 있다. 이러한 상태에서 담력과 궤계가 서로 강하게 결합하면 불가능하다고 생각된 난국에 희망이 보일 수도 있다. 그러나 이것은 아주 위태로운 승부이다.

제11장 공간에서 병력의 집중

최상의 전략이란 언제나 강대한 병력을 가지는 것이다. 다시 말해 먼저 강력한 병력을, 다음에 결정적 지점에서 강력한 병력을 보유하는 것이다. 그런데 병력이란 것은 장수가 때에 따라서 마음대로 만들어낼 수가 없는 것이므로 전략에서 가장 단순한 최고의 법칙은 병력의 집중인 것이다.

정당한 이유가 없는 한, 어떠한 부대라도 이를 주력부대에서 분산시켜는 안 된다.

제12장 시간상 병력의 집중

전쟁은 대립하는 두 병력의 충돌이다. 따라서 병력이 큰 편이 적을 전멸시킬 뿐만 아니라, 추격을 통해 이를 구축해버린다. 이로써 보건대 많은 병력을 헛되이 남겨두는 것은 안 되는 일이며 한 번의 충돌을 위해서 일시에 모든 병력을 사용하지 않으면 안 된다. 이것은 전쟁의 근본 법칙의 하나인 것같이 생각된다. 그러나 전투는 반드시 기계적인 충돌과 같은 것이 아니므로 병력을 남겨놓았다가 적당하게 보충할 경우도 있을 수 있다. 실전에 많은 경험을 가진 장교는 일반적으로 원군을 보유하는 것이 유익함을 잘 알 것이다.

그러므로 전술상 전투의 초반부터 지나치게 많은 병력을 사용하는 것은 도리어 잘못이다. 왜냐하면 병력의 우세로써 일시에 많은 이익을 얻는다고 하더라도 전쟁이 장기화되면 결국 그로 인한 보상을 해야 하기 때문이다.

그러나 신예 부대의 활동시기는 전투중 위기 상황에만 한정한다. 위기를 당했을 때 신예 부대의 출현은 실로 결정적인 것이 된다.

승부가 결정되고 거의 전멸의 상황에서는 신예 부대의 출현도 패전을 돌이킬 수는 없다. 요컨대 일단 패배한 군대는 원군을 얻더라도 승패를 되돌릴 수는 없는 것이다. 여기에서 전술과 전략상의 가장 중요한 원천을 발견할 수 있다. 즉 전술상의 승리는 대부분 전투 개시로부터 종결에 이르는 동안 전군이 위험한 상태 가운데 나타나지만, 전략상의 승리는 다시 말해 종국적인 승리는 그 성과의 크고 작음에도 불구하고 모든 전투의 종결 후에 나타나는 것이다. 부분적인 전투의 성과가 모여서 하나의 독립된 전체의 성과로 나타났을 때 비로소 전략적 성과는 성립되는 것이다. 따라서 전술적으로는 병력을 연속적으로 사용할 수 있어도 전략적으로는 이를 동시에 사용치 않으면 안 된다는 결론이 나온다. 그러므로 전략적 목적으로 사용할 수 있고, 또 현재 사용되고 있는 모든 병력은 동시에 동일 장소에서 사용되어야 하고 또한 이 사용이 한 동작 한 순간에 압축된 때야말로 그 효과가 극대화될 수 있는 것이다.

제13장 전략적 예비군

예비군에는 두 가지 종류가 있는데 그 임무는 각각 다르다.

첫째는 전투를 오래 끌어서 아군의 전력을 갱신하게 하는 것이고, 둘째는 예측하지 않은 사태에 대비하기 위한 것이다.

첫째 임무를 위해서는 점차적인 병력 사용이 전제로 되기 때문에 이것은 전략상에는 일어나지 않는다.

둘째 임무는 적의 예기치 않은 맹렬한 공격을 입고 있는 지점에 파견하기 위한 것이다. 그런데 중요한 결전에 있어서는 전략적 예비군이라는 개념이 불합리하다. 왜냐하면 중요한 결전에는 가능한 한 많은 병력을 사용하지 않으면 안 되기 때문에 그 외에 사용할 목적으로 정예 병력을 분산하여 예비하는 것은 불합리한 것이다.

제14장 병력의 경제적 사용법

언제나 병력을 총체적으로 움직여서 최종의 목적을 향해 매진하도록 운용해야 병력의 어떠한 부분도 활동 없이 마치게 해서는 안 된다. 가령 필요 이외의 장소에 병력을 배치하거나 적과 자웅을 결정할 경우, 병력의 일부가 행군중에 있어서 사용되지 못하는 것은 병력의 운용을 잘못한 것이다. 이처럼 병력을 낭비하는 것은 잘못된 장소에 사용한 경우보다 훨씬 해롭다. 무릇 행동을 개시한 이상 군대 전체를 움직이는 것이 필요하다. 잘못된 운용이라도 적의 병력을 움직이게 하거나 그 일부를 격파할 수 있는 것이다. 그러나 전혀 사용되지 않는 병력은 없는 것과 같은 것이다.

제15장 기하학적 요소

기하학적 요소는 진지 축성(築城)·전략·전술에 있어서 중요한 구실을 한다. 진지 축성은 그 선과 각도에 따라 구축이 결정된다.

그리고 이 선과 각도가 전투를 결정하는 표준이 된다. 또한 기하학적 요소는 기본 전술의 기초이다. 만약 적군에 의해 아군의 측면이나 배면을 공격당할 경우, 아군은 순식간에 퇴로가 끊기고 전투의 지속이 불가능한 상황에 처하기 쉽다.

전술에서는 시간과 공간이 최소한으로 제한된다. 따라서 병력의 기하학적 배치는 매우 중요한 것이 된다.

한편, 전략에 있어서 이러한 기하학적 요소의 효과는 대단히 적다. 그러나 일단 그것이 성공할 경우 그 효과는 매우 크다.

제16장 전쟁에 있어서 군사 행동의 정지

전쟁은 상호간의 파괴 행위라고 볼 수 있으나, 상황은 양편에 같은 영향을 주는 것은 아니고 설령 같은 영향을 주더라도 오랫동안 지속되는 것이 아니기 때문에 어떤 특정한 순간에 있어서는 한 편이 다른 편보다 유리한 상태에 있다고 생각해야 한다. 만약 양편의 장수가 상황을 완전히 알고 있을 경우, 한 편의 장수는 행동을 개시할 동기를 얻게 되고 상대편의 장수는 이를 기다리게 될 것이다. 쌍방이 동시에 같은 목적을 가지고 동시에 공격의 유익을 감지하는 일은 있을 수 없다. 양편은 장래의 형세와 추측에 의해, 한 편이 행동을 감행하여 사태를 유리하게 전개하려고 하면 상대편은 대기의 자세를 하고 지구(持久)의 태세를 취할 것이다. 그러므로 두 장수가 쌍방의 형세가 서로 같다고 생각할 경우, 전쟁에서 행동을 개시하기 위해서는 적극적 목적을 가진 정치적 침략을 감행해야 한다. 이렇게 볼 때 군사 행동의 중지는 전쟁의 본질과 모순되는 것같이 보인다. 왜냐하면 전쟁에 있어서는 한쪽이 상대방을 전멸시키지 않고는 못 배기는 성질이 있기 때문이다. 그러나 한 번 태엽을 감아 주면 쉴새없이 달려가는 시계와 같은 전쟁도 그 운행을 방해하는 세 가지 원인이 있다.

첫째는 위험과 책임의 극에 도달했을 때 일어나는 인간의 본성적인 소극성과 우유부단함이다.

둘째는 인간의 통찰력과 판단력의 불완전함이다.

셋째는 다른 조건이 같을 때 일반적으로 방어가 공격보다 유리하다는 사실이다.

이상의 원인이 상호작용해서 다음과 같은 결과가 나온다.

즉 전쟁의 군사적 행동은 계속적으로 행해지는 것이 아니라 단속적(斷續的)으로 이루어지고 피를 보는 전투중에도 양군이 함께 수세를 취하는 대치(對峙) 기간이 있는 것이다.

제17장 근대 전쟁의 성격

종래에 써오던 수단은 나폴레옹의 행운과 대담함에 의하여 전복되고 유럽의 강국들은 일격에 격파되고 말았다. 에스파니아인은 그 완강한 저항을 통해 민중 무장과 게릴라 전술이 얼마나 큰 능력을 발휘할 수 있는가를 보여주었다. 러시아인은 1812년 전역에서 다음의 두 가지 교훈을 가르쳐주었다.

첫째는 방대한 국토는 정복하기가 어렵다는 것이다.

둘째는 일부 싸움에 지고 수도와 주요 지방이 유린되더라도 최후 승리의 개연성은 반드시 상실되는 것은 아니라는 사실이다. 그전의 외교관들은 이렇게 생각하지 않았다.

이전에는 위와 같은 형세에 이르렀을 경우, 불리한 강화조약에 서둘러 응하는 것이 상례였다. 그것은 그들의 인식 부족으로, 국민들은 적의 공격력이 피폐해지면 기력을 다시 발휘하여 때로는 수세로부터 공세로 전환할 수 있다는 사실을 몰랐기 때문이다.

프러시아는 1818년에 민병을 써서 병력을 상비군의 6배로 만들었다.

무릇 이상과 같은 사실들은 국민의 정신력과 의지가 전투에서 결합했을 때 얼마나 큰 힘을 발휘할 수 있는가를 보여주는 것이다. 따라서 오늘날의 전쟁에 있어서 국민총동원이라고 하는 방법이 취해지는 것은 필연적인 일이라 할 수 있다.

제18장 긴장과 휴식

전쟁에 있어서 두 가지 양상, 즉 긴장과 휴식에 대해서 언급해보면, 만약 적대하는 쌍방이 휴식을 취할 경우, 다시 말해 쌍방이 아무런 적극적 행동을 하지 않을 경우에는 균형이 이루어진다. 그러나 이 균형은 한 편이 적극적 목적을 수행하기 위해 행동을 감행하면 바로 깨뜨려진다. 그리하여 긴장은 성립되고 어떠한 결정이 날 때까지, 또는 한 편이 그 목적을 포기하고 행동을 정지할 때까지 계속된다. 지휘관은 이 긴장과 휴식의 상태를 명확하게 식별하여 이해하고, 또 각기의 상태에 관한 진상과 기본 성격을 간파하여 임기응변의 행동을 할 수 있는 능력을 갖추는 것이 중요하다.

제3편 전투

제1장 근대 전투의 특질

근대에 있어서 대회전(大會戰)에 채택되는 일반적 양식은 다음과 같다.

먼저 대군을 전후좌우에 일정한 질서로써 배치한다. 그리고 나서 일부의 군대를 운용시켜 수시간 동안 총포 사격을 서로 하게 한다. 그리고 때때로 돌격과 총검 공격과 기병의 습격 등을 통해 서로 일진일퇴의 상황을 계속한다.

다음에 이 군대의 일부 군사가 전투적 열정을 소모하여버리면 이 부대를 제일선으로부터 퇴각시키고 대신 새로운 군사를 제일선에 배치하는 것이다. 이리하여 회전은 마치 습기를 품은 화약과 같이 서서히 진행되어간다.

제2장 전투 일반에 대하여 1

전투는 투쟁이다. 그리고 투쟁의 목적은 적의 섬멸, 또는 그 정복에 있다. 민첩하고 용감하며 결단력이 있는 적을 상대할 때에는 교묘하고 복잡한 작전 계획을 수립할 여유가 없음을 알아야 한다.

이러한 강적에게는 복잡한 기교가 가장 필요할 듯하지만 실제로 간단하고 직접적인 전술이 훨씬 효과적일 때가 많다. 그러므로 복잡한 계획으로 적과 경쟁하지 말고 차라리 그 반대의 방법으로 이기도록 힘써야 한다. 결국 이렇게 하자면 지력과 용기가 최후의 주춧돌이 된다.

사람들은 자칫 보통의 용기와 뛰어난 지력을 겸비한 것이 보통의 지력과 뛰어난 용기를 겸비한 것보다 훨씬 효과가 클 것같이 생각하기 쉽다. 그러나 위험으로써 특징을 삼는 전장에서 지력을 중시하는 것은 위험한 생각이다.

전투는 본래부터 용기를 가장 필요로 하는 상황인 것이다.

제3장 전투 일반에 대하여 2

전투중의 물질적 손실은 승자와 패자 사이에 크게 차이가 나지는 않는다. 가끔 그 차이가 전연 없을 때도 있고, 때로는 승자가 오히려 큰 손해를 입는 경우도 있다. 다만 패자가 입는 결정적 손실은 퇴각을 개시한 뒤에 오는 것인데, 승자는 이 손해를 입지 않아서 좋은 것이다. 전투중에 양군이 받는 손실은 물질적 손실만이 아니다. 전투가 진행되는 중에 위축되고 좌절하고 소멸되는 정신적 손실을 잊어서는 안 된다. 따라서 전투를 더 계속할 수 있는지의 여부를 결정할 때는 단지 병기의 수효만을 헤아리지 말고, 질서·신뢰·단결심의 결핍이나 예정 계획의 차질 등의 정신적 상태도 유념해야 한다. 승자의 물질적 손해가 패자와 비슷한 경우, 승리를 결정짓는 것은 오로지 정신력뿐이다. 둘로 병력을 분할하여 싸우지 않으면 안 될 경우 닥칠 위험, 혹은 퇴로를 완전 차단당하는 공포스런 경우의 위험—이 두 가지 상황의 위험은 군대의 움직임과 저항력을 위축시키고 패전을 촉진할 뿐만 아니라, 패전의 손실을 심대하게 하여 때에 따라서는 일군의 전멸이라는 최악의 사태까지를 유발하게 한다. 즉 퇴로 차단이나 퇴로의 위협은 패전의 가능성을 짙게 할 뿐만 아니라 패전을 결정적으로 만드는 일조차 있는 것이다.

다음에 승리의 일반적 개념을 살펴본다면, 다음의 세 가지 요소를 포함하고 있음을 알 수 있다.

1) 물리적 전투력에 있어서 아군이 받은 손실보다도 적이 입은 손실이 더 큰 경우.
2) 정신직으로 적이 보다 더 큰 타격을 입은 경우.
3) 적이 전투 목적을 포기함으로써 앞의 두 가지 사실을 승인한 경우.

적이 전투 목적을 포기하였다는 사실이야말로 승리를 확인하는 유일하고 진실된 증명이다. 그러므로 손실의 공공연한 승인은 군기를 거두는 것을 의미한다고 생각할 수 있다. 이러한 굴욕감은 승리의 개념을 형성하는 본질적 요소의 하나이다.

제4장 전투의 의의

전쟁의 주요한 형태는 공격과 방어이다. 전투력을 파괴하려는 목적을 수행할 때는 공격이나 방어에 변함이 없지만, 한 지점이나 하나의 물건을 탈취하는 데 있어서는 공격이냐 방어냐에 따라시 각각 그 모습을 달리한다. 여기에서 다음과 같은 일람표가 성립된다.

공격적 전투	방어적 전투
1. 적의 전투력의 파괴	1. 적의 전투력의 파괴
2. 한 지방의 점령	2. 한 지방의 방어
3. 한 물건의 점령	3. 한 물건의 방어

그러나 이상의 세 가지만으로 전투의 모든 범위를 규정할 수는 없다. 우리는 이에 제4의 규정을 첨가해야 한다. 가령 적정을 탐색하는 것을 목적으로 하는 정찰, 적을 아주 피로하게 하는 것을 목적으로 하는 경보(警報), 적을 특정한 지점에서 움직이지 못하게 하는 것, 다른 지방으로 유인하는 것을 목적으로 하는 유치(誘致) 활동 등은 위의 세 가지 목적 가운데 제2항을 주요 목적으로 가장함으로써 달성할 수 있다. 그러나 이와 같은 가장은 참다운 목적은 아니다. 참다운 목적을 문제삼는 경우 아군이 취할 제4의 목적은 무엇인가? 그것은 거짓 싸움을 거는 것이다. 더욱이 이 제4의 목적은 그 성질상 오직 공격의 경우에만 적용되는 것이다.

제5장 전투 시간

전투 시간은 전투의 본질적인 조건과 불가분의 관계에 있다.

전투의 본질적인 조건이란 전투 병력의 절대적 강약과 상대적 강약, 병력에 배치되어 있는 각 병과의 비율과 지형 등을 말한다. 가령 2만의 병력으로써 싸움을 할 때는 2천의 군사로써 하는 것보다 훨씬 오랜 동안을 전투에서 견딜 수 있다. 또 2배 내지 3배의 적을 상대로 하여 싸울 때에는 대등한 적병을 상대로 하는 경우보다 훨씬 짧은 동안밖에 전투를 지속할 수 없다. 또한 기병전일 때에는 보병전보다 해결이 빠르고 단순한 보병전보다 포병이 이를 엄호할 때 빠르다. 또한 사막지대나 산림지대에서는 평지보다 신속하게 행동할 수 없는 것은 더 말할 것도 없다. 따라서 다음과 같은 결론을 내릴 수 있다. 즉 시간의 지속을 통해 전투 목적을 달성하려고 할 때에는 쌍방의 병력·각 병과의 비율·진지 등을 충분히 고려해야 한다.

또 병력의 대소가 전투의 지속 시간에 큰 영향을 미치는 것은 공격하는 쪽이나 방어하는 쪽이나 마찬가지이지만, 가령 일반적인 사단이 혼성여단(混成旅團)에게 공격을 받을 때와 혼성여단이 일반 사단에게 공격받을 때와는 그 전투 시간에 있어서 약간의 차이가 발생한다. 즉 전자가 장시간 동안 저항할 수 있는 것이다.

제6장 승패 결정의 시기

전투중에는 승패 판별에 중대한 영향을 미치는 몇 개의 중요한 시기가 있다.

그러나 전투의 승패도 결코 개별 순간에 결정되는 것은 아니다.

전투의 승패는 점차적으로 이루어지는 것이다. 그러나 어떠한 전투에 있어서도 승패의 귀추가 분명히 판별될 수 있는 분기점(分岐點)이라고 할 만한 시기가 있는 것이다. 그 분기점 이후의 전투는 이미 새로운 전투를 의미하는 것으로서, 결코 분기점 이전의 전투의 지속은 아니다. 이 분기점을 확실히 판단하는 것은 구원군을 사용하여 전투를 재개함으로써 대세를 만회하려고 할 경우에 매우 중요하다.

일반적으로 승패의 분기점이라는 것은 어떠한 것인가? 즉 충분히 적군에 대항할 수 있는 구원군을 보유하고도 대세가 어찌할 수 없는 상태에 이른 때는 어떠한 경우인가?

1) 움직이는 목표물을 점유하는 것이 목적이라면 그 물건을 상실했을 때를 승패의 분기점으로 볼 수 있다.

2) 한 지방을 점유하는 것이 전투의 목적이라면 승패의 결정은 그 지역을 상실했을 때로 볼 수 있다. 그러나 반드시 그런 것은 아니다. 다시 말해 상실한 지역이 전략적 요충지일 경우는 승패의 분기점이 될 수 있지만 그렇지 않을 경우에는 큰 위험 없이 쉽게 탈환할 수도 있는 것이다.

3) 위의 두 가지가 달성되었음에도 불구하고, 아직 전투의 승패가 결정되지 않은 경우, 특히 적의 전투력의 파괴를 주요 목적으로 하는 경우에는 승자가 혼란한 상태로부터 빠져나오는 순간을 승패의 분기점으로 볼 수 있다. 즉 적군이 아직 질서와 규율을 잃지 않았는데 아군이 혼란에 빠진 경우에는 이미 전투는 아군의 패배로 보아야 한다. 적이 일단 상실한 전투력을 다시 회복했을 때에도 마찬가지다.

만약 전투가 끝나기도 전에 아군이 불리함을 깨닫고 이것을 유리하게 바꾸는 데 성공할 수 있으면 전체의 성과에서 최초에 받은 손실을 공제할 수 있을 뿐만 아니라 이것을 전환해서 보다 큰 승리의 기초로 만들 수 있다. 전투란 그것이 완전히 끝날 때까지 이룬 부분적 전투의 성과는 모두 임시적인 것에 지나지 않으며, 이는 전체적 결과에 의해 무효가 될 뿐만 아니라 도리어 그 반대로 바뀌는 수도 있는 것이다.

전투의 종결이 확실해졌다고 해서 그것이 곧 제2회전(會戰)을 개시하는 이유가 되어서는 안 된다. 제2회전을 개시하기 위해서는 여러 가지 사정을 심사숙고해야 한다. 그것은 제1회전의 결과에 대하여 불만을 품는 정신력 때문이다.

그것이 복수의 감정이다. 이 감정을 잊어서는 안 된다. 위로는 대장으로부터 아래로는 고수에 이르기까지 이 감정은 누구에게나 있는 것이다. 더욱이 군대가 명예 회복의 열정에 불타고 있을 때

만큼 의지가 고취되는 경우는 없다.

제7장 전투의 상호적 동의

어떠한 전투도 상호 동의가 없이는 성립하지 않는다고들 한다. 그러나 이제는 적어도 전투로써 자웅을 결정하려고 하는 자를 막을 수 있는 것은 아무것도 없다. 그가 하고 싶은 대로 적을 찾아낼 수 있고 하고 싶은 대로 공격할 수 있다. 그러나 한편 퇴각하려고 할 때 퇴각할 수 있는 자는 전투를 피할 수 있다. 그렇지만 공격자는 모든 방법을 사용하여 퇴각하는 적을 전투에 참가시킴으로써 철저한 승리를 얻으려고 애쓸 것이다. 이런 목적을 위해 사용되는 중요한 방법은 첫째로 적의 후방을 돌아서 그 퇴각을 불가능하게 만들거나, 혹은 이를 매우 곤란한 상황에 몰아넣어서 적으로 하여금 전투에 응하지 않을 수 없게 만드는 것이다.

둘째는 적을 기습하는 방법이다.

제8장 본전(本戰) 1 — 승패의 결정

본전이라는 것은 무엇인가? 그것은 주력간의 전투이다. 즉 참된 승리를 얻기 위하여 전력을 기울여서 싸우는 전투이다.

본전에서는 조금이라도 이길 가능성이 있는 한, 연전연승을 목표로 하여 나아갈 것이요, 완전히 힘이 다하여 아무리 해도 목적을 달성할 수 없을 경우를 제외하고는 개개의 사정 때문에 전투를 포기해서는 절대로 안 된다.

전투의 전체적 결과는 부분적 전투 성과들의 총화이다. 그리고 이 부분적 전투의 성과는 세 가지 요소 속에 있다.

첫째, 지휘관의 정신력 속에 있다.

둘째, 부분적 전투에 참여한 부대의 급속한 감모(減耗)에 있다.

셋째, 교전중에 없어진 토지에 있다.

아군은 모든 포병을 잃었는데 적의 포병은 손해가 전혀 없을 때.

아군의 부대는 적의 기병에 의해 괴멸되었는데 적의 부대는 질서 정연할 때.

어떤 지점의 점령을 위해 많은 희생을 하며 전진하는 상황에서 적의 포탄이 우박처럼 퍼부어서 피난할 수밖에 없을 때.

적의 포격이 점점 맹렬해지는 데 반해 아군의 포격이 점점 약해지는 때.

적의 포화로 인해 아군의 부대가 급속히 감소될 때.

작전 수행에 교란을 받아 부대간의 연락이 끊어졌을 때.

퇴로의 안전이 위태로울 때.

이러한 모든 경우는 전투가 어떠한 방향으로 진행되는가를 판단하는 중요한 조짐이다. 이러한 추세가 길어지면 전국(戰局)의 전환은 더욱 어렵게 되어 회전(會戰)을 포기하지 않으면 안 될 순간이 다가오는 것이다.

제9장 본전(本戰) 2—전승(戰勝)의 효과

전승이 어떤 성과를 가져오는가를 알기 위해 패자에게 미치는 영향을 보기로 한다. 본전에서 패배할 때 첫번째 나타나는 현상은 병력의 급격한 감소이다. 그리고 진지의 상실, 질서의 파괴, 각 부대의 지리멸렬, 퇴로의 위험 등이 나타난다. 그리하여 최후로 퇴각이 전개되는 것이다. 어떠한 빈약한 승리라 할지라도 승리가 한번 적의 손에 넘어간 다음에는 아군의 불리함은 점점 더 깊어져서 새로운 외부 사정이 없는 한 그 불리함은 계속해서 진행되는 것이다.

다음으로 군대 이외에 국민 및 정부에 미치는 영향은 어떠한가? 패전은 국민 대중의 팽창된 희망을 무참히 깨뜨리고 이후 무서운 팽창력을 지닌 공포를 가져온다. 본전의 패배 소식은 전 국민에게

청천벽력과 같은 충격을 주는 것이다.

제10장 본전(本戰) 3 — 전투 회전(會戰)의 사용

전쟁의 개념을 다음과 같이 규정할 수 있다.

1) 적의 전투력을 파괴하는 것은 전쟁의 근본 원리이며 적극적 행동을 하는 편에서는 목표를 달성하기 위한 가장 중요한 수단이다.
2) 전투력의 파괴는 전적으로 전투에 의해서만 달성된다. 여러 전투가 통합되어 대회전(大會戰)을 이룰 때 그 결과는 가장 크다.
3) 대규모의 전투만이 대대적인 성과를 가져온다. 그리고 본전에 있어서만 장수가 스스로 지휘한다. 보통 때는 이를 부하에게 위임하는 것이다.

이상의 진리에서 두 가지 원칙이 생겨난다. 즉 첫째, 적 전투력의 파괴는 주로 대회전과 그 성과에서 구하고 둘째, 대회전의 주요 목적은 적 전투력의 파괴에 있다는 사실이다.

요컨대 전쟁에서 가장 중요한 것은 본전이고, 전략상의 비결이라는 것도 결국 본전을 위해 모든 수단을 준비하는 것이다. 본전이 수행될 장소와 시간, 그리고 병력의 운용 방침을 확정하여 그것을 사용하는 것이다.

대회전을 수행할 장수에게는 사태에 대한 예리한 판단력・씩씩한 정신・견인불발의 정신・생생한 계획 등이 필요하다. 모든 장수는 본전에 이르렀을 때 자신의 능력에 대한 신념과 필승에 대한 명확한 신념을 갖추지 않으면 안 된다.

제11장 승리 이용의 전략적 수단

승전 직후 승자가 시행하는 추격에 대해서 다음과 같은 결론이 나온다.

1) 승리의 가치는 전승자가 얼마나 강력하게 추격을 하는가에 의하여 결정된다.
2) 추격은 승리를 완전하게 만드는 제2의 동작으로서, 제1의 동작보다 중요한 경우가 많다.
3) 이 점에 있어서 전략은 전력에 접근한다. 왜냐하면 추격을 통한 승리의 완성은 전술상의 문제이고, 전략은 이 완성된 승리를 이용하는 데 불과하기 때문이다.

추격에는 세 가지가 있다. 첫째는 단순한 추행(追行), 둘째는 급추(急追), 셋째는 평행행군(平行行軍)이다. 이 중 제3의 방법이 가장 효과 있는 추격법으로서 퇴각군의 당면 목표를 향하여 평행하게 행군하는 것이다. 평행행군으로써 추격을 받을 때, 패전자가 이에 대항하는 수단은 다음 세 가지밖에 없다. 첫째, 적의 예상을 벗어나 기습을 하는 방법, 이를 위해서는 전술이 풍부한 용감한 장수와 패하기는 했지만 아직 패주하기에 이르지 않은 우수한 군대가 필요하다. 둘째, 퇴각을 신속히 하는 것이다. 셋째, 적에게 퇴로가 차단될 우려가 있는 장소를 피하여 적으로부터 떨어진 곳으로 가능한 한 멀리 물러나는 것이다.

제12장 본전 패배 후의 퇴각

적의 유·무형의 약점을 이용하여 꼭 필요한 경우를 제외하고 한 걸음도 물러나지 않기 위해서, 또한 아군의 정신력을 가능한 한 적보다 유리한 상태로 지속하기 위해서는 부단히 저항하면서 서서히 퇴각하고, 적이 급박(急迫)하여 왔을 때에는 과감히 역습하는 것이 필수적이다.

위대한 장수와 백전연마한 군대의 퇴각은 마치 부상을 당한 사자의 물러감과 같다. 이것이야말로 이론상의 최상의 지침이기도 하다.

퇴각의 최초의 움직임은 적으면 적을수록 좋다. 그리고 일반적으로 적의 위력에 제압되지 않는 것을 원칙으로 해야 한다. 그러나 이렇게 하려면 반드시 다가오는 적과 유혈의 전투를 하지 않으면 안 될 것이다. 이 원칙은 희생할 만한 가치가 있는 것이다.

이 원칙을 지키지 않고 함부로 급히 행동하면, 이 군사 행동은 곧 도주하는 상태로 전개될 것이다. 더욱이 패주하는 상황에서는 다수의 낙오병이 적에게 붙들림으로써 그 손해는 후위(後衛)의 격전에 의한 손실보다 훨씬 증대되어 결국 최후의 용기마저도 상실하게 될 것이다.

군사들 중 가장 우수한 병력을 선발하여 강력한 후위를 편성하고 그 지휘를 훌륭한 장군이 감당하며 중차대한 경우에는 전군이 이를 지지하고 지형상의 모든 조건을 이용하고 적의 전위가 나오는 것에 따라, 혹은 지형에 따라 복병을 매복하여 부단히 적은 전투의 기회를 만들고 계획하는 등…… 이러한 것은 모두 위에서 말한 원칙을 실행하기 위한 수단이다.

일반적으로 패배라는 것은 모든 것을 약화시키고 혼란하게 한다. 따라서 패색이 짙은 경우 급선무는 분산된 병력을 결집하고 질서와 용기와 신념을 회복하는 길이다.

제13장 야전(夜戰)

원래 야간 공격은 모두 강한 기습이다.

전군이 야습(夜襲)을 감행할 때에는 어떤 특수한 동기가 있어야 한다. 그것을 다음 네 가지로 요약할 수 있다.

1) 적이 전연 무책무모(無策無謀)하고 경솔할 때. 그러나 이런 경우가 자주 있는 것은 아니다.

2) 적이 낭패하여 공포에 빠진 때. 혹은 아군의 사기가 매우 왕성하여 상부의 지시가 없더라도 자발적으로 행동할 수 있을 때.

3) 아군을 포위하고 있는 우세한 적군을 돌파하여 혈로(血路)를 열지 않으면 안 될 때. 이 경우에는 기습 공격밖에는 방법이 없다. 또 중위(重圍)를 탈출하는 것만이 병력의 집결을 가능하게 할 때.

4) 적의 병력에 비해 아군의 병력이 매우 열세여서 모험을 감행하지 않으면 안 되는 절망적인 상황일 때.

대부분의 야전은 날이 새기 전에 끝나고, 잠행(潛行)과 첫번째 습격은 주로 캄캄한 밤을 틈타 이루어지는 것이 보통이다. 그것은 적진에 일어날 혼란 상태를 이용할 수 있기 때문이다.

엮은이의 말

　이 책은 김달진(金達鎭) 선생께서 1958년 청우출판사(靑羽出版社)에서 간행한 국역(國譯) 『손오병서(孫吳兵書)』를 저본으로 한 것이다.
　6·25동란 후의 상처가 채 아물지 않은 혼란기에 출간된 이 책은 널리 유통되지 못하고, 도서관의 서고에 묻혀버렸던 것 같다. 이번에 『김달진 전집(金達鎭全集)』 간행을 계기로 자료를 수집하던 중, 고려대학교 중앙도서관에 소장된 초간본을 확인하였고, 여기에 주석을 새로이 하고, 사마천(司馬遷)의 『사기열전(史記列傳)』에서 「손자·오기열전(孫子吳傳)」을 추가하여 '전집판'으로 확정하기에 이르렀다.
　그 동안 국내에서는 여러 판본이 유통되었지만, 원문 그 자체를 읽게 하는 것이라기보다는 지나치게 번다한 해설을 부풀려서, 원문 제대로 읽기에 거추장스러운 장애가 되었던 것이 사실이다.

　이 점을 고려하여 이번 판에는 특별하게 구구한 해설을 추가하지 않았다. 다만 초판에 수록된 클라우제비츠의 『전쟁론(戰爭論)』을 읽은 분들은 아시는 일이겠지만 이는 전문 번역이 아니고, 요약문임을 밝혀둔다. 보다 본격적으로 전문을 읽기 위해서는 또다른 한 권의 책이 필요한 것이며, 그것은 김달진 선생의 영역을 넘어서는 일이 아닐까 한다.

　지금 다시 번역을 읽어보아도, 김달진 선생의 유려한 한글 문체는 되씹어 읽을 만하다는 것이 이 책을 다시 엮는 필자의 소감이다. 향기 있는 우리말 찾기에 일찍부터 개안하신 선생님의 선견지명에 다시 한 번 놀라지 않을 수 없다.

　『손오병서』를 전집판으로 새롭게 펴내는 과정에서 번거롭고 지루한 일을 꼼꼼하게 처리해준 대학원 김문주 군의 노고에 감사한다.

　지난해 9월 26, 27일 제2회 김달진문학제가 성황리에 거행된 것은 모두의 힘을 합하게 만드는 선생의 음덕임을 되새겨본다.

1998년 2월
눈 덮인 백담사에 다녀와서……
최동호 拜書

손오병서

초판인쇄 · 1998년 3월 12일
초판발행 · 1998년 3월 19일
지은이 · 김달진 / 펴낸이 · 강병선
펴낸곳 · (주)문학동네
주소 · 110-521 서울시 종로구 명륜동 1가 31-9
　　　www.munhak.com
출판등록 · 1993년 10월 22일 제22-188호
전화번호 · 765-6510~2, 743-2036, 743-9324~5
팩스 · 743-2037

ISBN 89-8281-110-9 03810
　　　89-8181-060-9(세트)
* 잘못된 책은 바꿔드립니다.